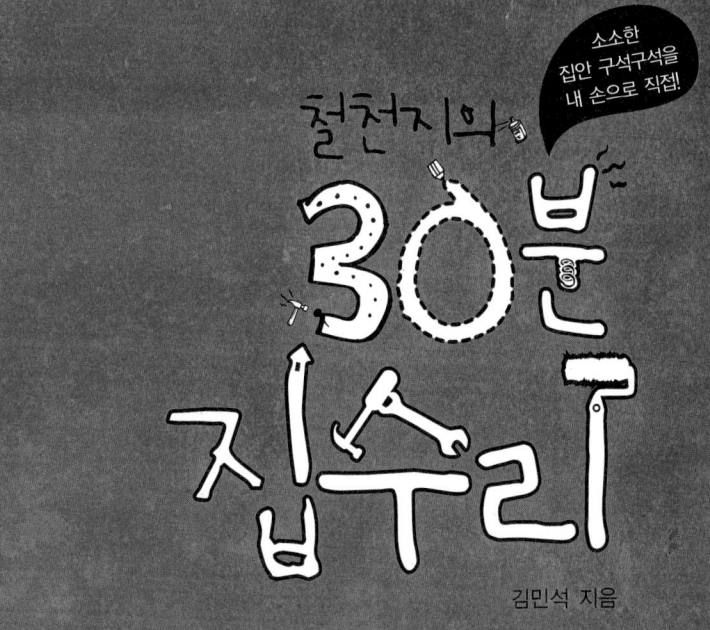

철천지의
30분 집수리

소소한 집안 구석구석을 내 손으로 직접!

김민석 지음

이비락 樂

🏠 철천지의 30분집수리

초 판 1쇄 발행 2010년 5월 31일

지은이 김민석
발행처 도서출판 이비컴
발행인 강기원

진 행 철천지 기술지원팀
편 집 주기선
표 지 이승현
마케팅 김동중, 이은미

주 소 서울 동대문구 신설동 96-24 세원빌딩 402호
전 화 (02)2254-0658   **팩 스** (02)2254-0634
전자우편 help@bookbee.co.kr

등록번호 제6-0596호
등록일자 2002.4.9
ISBN 978-89-6245-041-5 13630

홈페이지 http://www.bookbee.co.kr
철천지 기술지원 http://www.77g.com

ⓒ 철천지 김민석, 2010

* 책값은 뒤표지에 있습니다.
* 이 책은 도서출판 이비컴이 저작권자와의 계약에 따라 발행한 것이므로
  본사의 서면 허락 없이 어떠한 형태나 수단으로 이용할 수 없습니다.
* 파본이나 잘못 인쇄된 책은 구입하신 서점에서 교환해드립니다.

이 도서의 국립중앙도서관 출판시도서목록(CIP)은
e-CIP 홈페이지(http://www.nl.go.kr/cip.php)에서 이용하실 수 있습니다.
(CIP제어번호:2010001900)

가족문화로서의 DIY

1999년 6월 인터넷을 기반으로 인터넷 철물점 '철천지(www.77g.com)'를 시작한지 어느덧 10년이 훌쩍 넘었습니다. 우리가 살고 있는 집안 구석구석을 스스로 고칠 수 있도록 도와주자는 소박한 취지로 출발한 철천지는 변변한 공구나 드릴조차 제대로 보급되지 않았던 시기에 생소한 철물들을 소개하며 고군분투하였습니다. 그 시기에 고객들이 철천지 게시판에 가장 많이 남겼던 질문은 벽에 못 박는 방법과, 전동드릴 사용법, 그리고 목재사용에 대한 여러 가지 사항들이었습니다.

이러한 고객들의 사소한 질문에서부터 다양한 집수리 기술지원에 대응하다 보니 2000년 10월 당시에는 우리나라에 다소 생소했던 DIY라는 말이 회자되기 시작했습니다. 그러한 흐름에 인터넷 철천지도 단순한 철물지원을 넘어 DIY 개념을 기반으로 스스로 집안을 고칠 수 있도록 도움을 주는 공간과 함께 고객들의 요청에 의한 목재절단 판매와 주문형 가구의 생산 서비스를 도입하게 되었습니다.

요즘에도 종종 "왜, 홈페이지 이름이 철천지인가요?"라는 질문을 받곤 합니다만 내 손으로 직접 집안을 수리할 수 있도록 도움을 주는 철천지의 취지와 모든 것을 스스로 만들어보자는 DIY의 취지와도 잘 부합하는 것 같다는 생각을 해봅니다.

DIY는 한 때의 유행으로 그치는 것이 아닌 하나의 정신이자 문화로 인식해야 합니다. 혼자 혹은 가족과 정성을 담은 활동을 하기 위한 소중한 가족 문화로서의 DIY는 가족애의 도모는 물론, 이웃에게 도움을 주기도 하며, 경제적으로도 알뜰함을 제공해주기도 합니다. 바쁜 현대 생활에서 살아 있다는 존재감과 가족들과 살갑게 공유 할 수 있는 재미를 느끼고 싶다면 직접 실천해볼만한 유익한 문화이자, 아내가 추천하고, 아빠가 만들며 아이들이 사용하는 가정의 생산적인 즐거움을 선사합니다.

이러한 취지하에 소개하는 이 책은 우리 주변에서 간단하고 쉽게 수리하거나 보수하면 충분히 다시 사용할 수 있는 집안의 여러 가지 도구나 공간 등을 적은 비용으로 내 손으로 직접 해볼 수 있도록 꾸몄으며, 초보자를 위한 공구사용법에서 수리 및 보수 방법까지 사진과 설명으로 상세하게 알려주고 있습니다.

아무쪼록 이 책이 독자와 고객 여러분들께 가정의 소중한 DIY의 문화 정착에 작은 도움이 되길 바랍니다.

2010년 5월 철천지 김민석

How to use this book

내 손으로 뚝딱! 친절한 DIY!《철천지의 30분 집수리》과정을 따라하기 전에 본문 구성에 대해 살펴보겠습니다. 《철천지의 30분 집수리》는 집수리를 자주 해본 분이라면 무난하게 잘 따라할 수 있지만, 처음 해보는 분들은 어렵게 느껴질 수 있으므로 본문의 진행 과정과 참고 및 주의사항, 그리고 준비물 등을 숙지하신 후에 작업해야 실수를 예방할 수 있습니다. 또한 추가 질문이나 관련 동영상을 참조하거나 질문 등은 철천지 홈페이지(www.77g.com)를 활용하면 더욱 상세한 정보와 조언을 얻을 수 있습니다.

● **개요**
큰 마당에 속한 집수리 할 항목에 대한 개괄적인 소개와 방향입니다.

● **작업 시간, 재료비 외**
집수리 작업에 대한 평균 작업시간과 난이도, 평균 재료비 내역입니다. 평균치를 잡았기 때문에 숙련도나 재료의 구비 정도에 따라 약간씩 차이가 있을 수 있습니다.

● **준비물과 핵심 공구**
집수리 작업에 필요한 공구와 철물입니다. 특히 주되게 사용하는 필수 공구는 핵심 공구로 표시하였습니다.

● **작업 순서**
집수리 항목에 대한 기본적인 작업의 순서를 요약합니다.

● **작업 힌트**
철천지 기술지원팀에서 제공하는 해당 작업에 대한 팁입니다.

● **주의하세요**
작업시 위험할 수 있는 부분이나 유의해야 할 부분을 지적한 팁입니다.

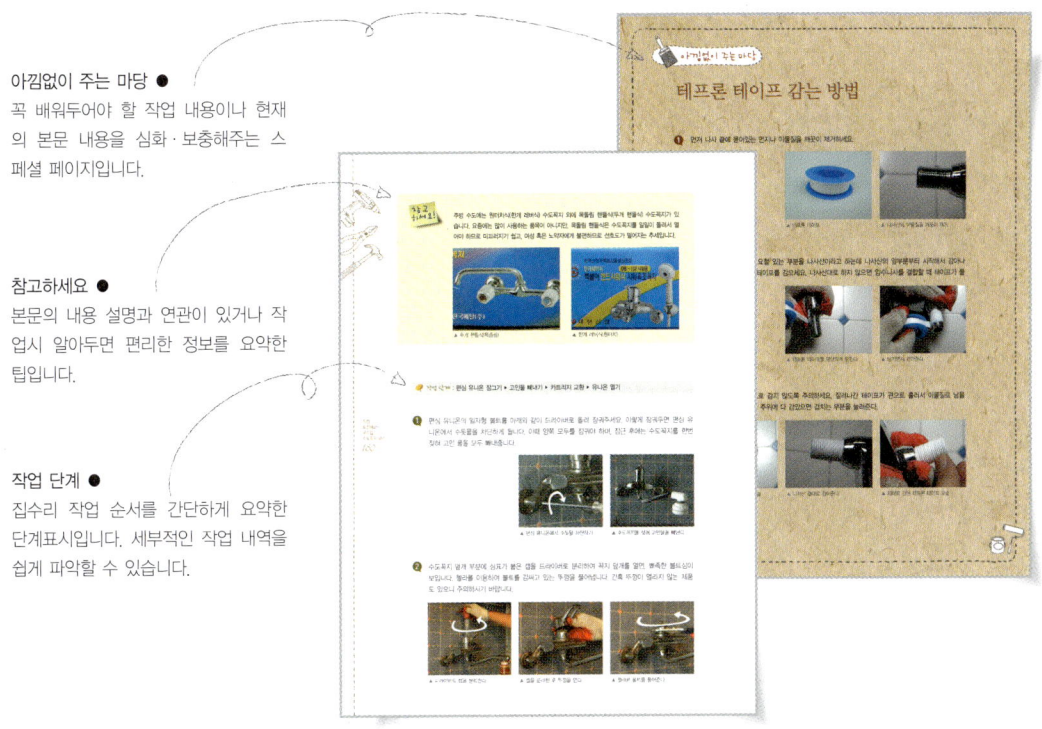

아낌없이 주는 마당
꼭 배워두어야 할 작업 내용이나 현재의 본문 내용을 심화·보충해주는 스페셜 페이지입니다.

참고하세요
본문의 내용 설명과 연관이 있거나 작업시 알아두면 편리한 정보를 요약한 팁입니다.

작업 단계
집수리 작업 순서를 간단하게 요약한 단계표시입니다. 세부적인 작업 내역을 쉽게 파악할 수 있습니다.

- 《30분 집수리》 200% 활용하기 – 철천지 홈페이지의 동영상 강좌

    1. 철천지 홈페이지(www.77g.com)에 로그인 한 후에 메뉴의 [DIY 기술지원]이나 [기술지원 동영상]을 선택합니다.
    2. 보고 싶은 동영상 제목의 검색어를 입력하고 [찾기] 버튼을 클릭합니다.
       (검색어는 현관정, 욕실, 페인트, 방문, 전자, 실리콘 등의 연관 검색어로 입력하세요.)
    3. 우측 검색 내역창에서 원하는 동영상 목록을 선택하면 좌측 화면에 해당 동영상이 재생되며 툴바를 하단으로 내리면 사진과 설명으로도 내용을 보실 수 있습니다.

집수리에 필요한 공구사용법 배우기   10

01 우리집에 꼭 필요한 공구이야기   12

  1. 철물과 전동공구   12
      전동드릴의 쓰임새와 구입법   12
      전동드릴의 종류   13
      전동드릴의 액세서리들   15

  2. 철물과 수동공구   18
      망치의 종류   18
      드라이버의 종류   19
      펜치와 니퍼, 롱로우즈   20
      몽키스패너와 파이프렌치   20
      첼라   21
      컷터   21
      실리콘의 종류와 쓰임새   22
      줄자의 종류와 실측법   23
      쇠톱의 분리와 장착   24
      헤라와 스트리퍼   24

02 집수리에 꼭 필요한 철물이야기   26

  1. 구멍 뚫을 때 쓰는 앙카   26
      가장 많이 쓰이는 플라스틱 앙카   26

  2. 앙카의 시공사례   30
      동공 앙카 시공 따라하기   30
      자천공 앙카 시공 따라하기   31

  3. 내진과 하중에 강한 토우앙카 사용법   33
      기본 시공 방법   33
      설치물의 고정홀 직경에 따른 시공 방법   33

  아낌없이 주는 마당 – 동공 앙카와 자천공 앙카 시공 단면의 예   35

  4. 나사와 못   37
  5. 사포의 종류와 기능   39

03 초보자를 위한 공구사용법   40

  1. 진동드릴 사용법   40
  2. 망치 사용법   42

　　3. 파이프렌치, 몽키스패너, 첼라 사용법　　44
　　4. 드라이버 사용법　　45
　　5. 펜치, 롱로우즈, 니퍼, 와이어커터 사용법　　46
　　6. 장갑, 보안경, 방진 마스크　　47

04 꼭 지켜야 할 안전수칙과 공구관리요령　　48
　　1. 집수리 전에 미리 정리해야 할 것들　　48
　　2. 공구사용은 원칙대로 하세요　　48
　　3. 올바른 공구 관리법　　49
　　4. 기타 주의해야 할 것들　　49

누구나 할 수 있는 초간단 집수리 1단계　　50

01 공간에 따라 손쉽게 못 박는법　　52
02 소음이 나는 이음새 소리 없애기　　57
03 흠집 난 창문 방충망 교체하기　　60
아낌없이 주는 마당 – 초보자도 간편하게 사용할 수 있는 실리콘 시공법　　64
04 헐거워진 이음새를 메워주는 실리콘　　66
05 싱크대 환풍기에 필터 교체하기　　69

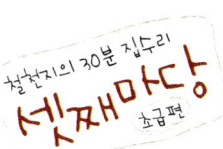

현관 및 방문 보조키와 디지털 도어록 설치하기　　72

01 비교적 간단한 우리집 현관정 달기　　74
02 안전하고 편리한 디지털 도어록 달기　　80
03 저렴하고 튼튼한 기계식 보조키 달기　　86
04 예쁘고 깜찍한 방문 손잡이 교체하기　　90

욕실 선반 만들기와
간단한 전기용품 손보기   96

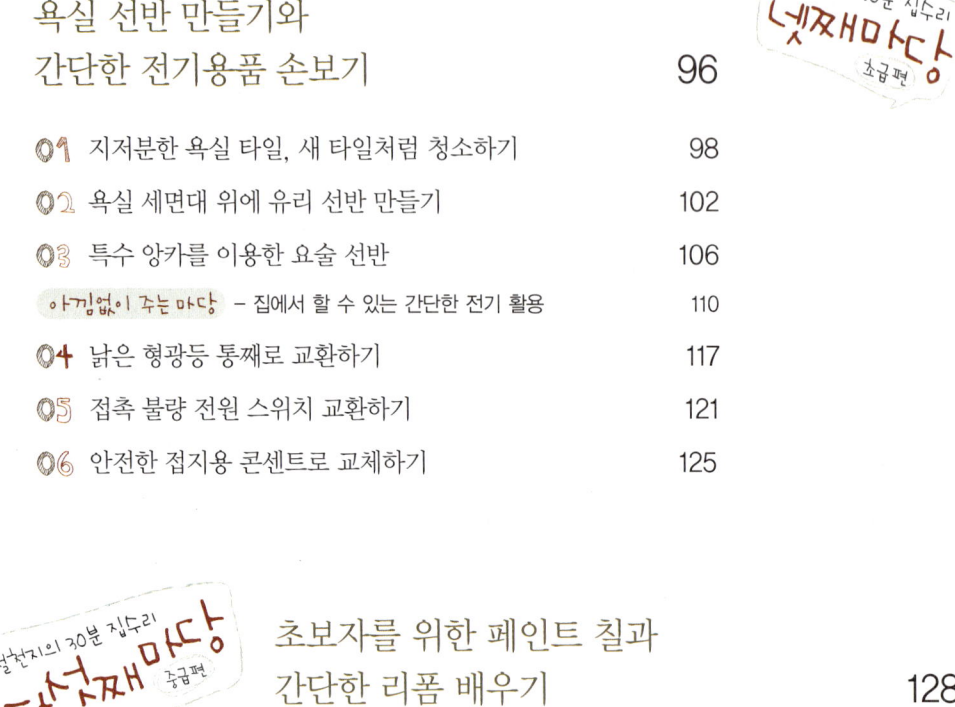

- 01   지저분한 욕실 타일, 새 타일처럼 청소하기   98
- 02   욕실 세면대 위에 유리 선반 만들기   102
- 03   특수 앙카를 이용한 요술 선반   106
- *아낌없이 주는 마당* – 집에서 할 수 있는 간단한 전기 활용   110
- 04   낡은 형광등 통째로 교환하기   117
- 05   접촉 불량 전원 스위치 교환하기   121
- 06   안전한 접지용 콘센트로 교체하기   125

초보자를 위한 페인트 칠과
간단한 리폼 배우기   128

- 01   리폼의 필수, 페인팅의 종류 알기   130
  - 1. 페인팅의 기본 순서   131
  - 2. 젯소(하도제)   131
  - 3. 페인트   132
  - 4. 스테인(목재 염색)   133
  - 5. 바니쉬(투명 페인트)와 셀락   133
- 02   리폼 페인트 칠하는 방법 익히기   135

- 03   버려진 괘종시계 패브릭 수납장으로 리폼   139
- 04   낡은 욕실문, 페인트로 단장하기   144
- *아낌없이 주는 마당* – 문짝에 패인 홈과 깨진 벽면 어떻게 메울까?   150
- *아낌없이 주는 마당* – 페인트칠에 도움이 되는 상식   152

직접 도전해보는 우리집 수도꼭지 보수   156

01 주방 싱크대의 원터치식 수도꼭지 카트리지 교환   158

02 원터치식 주방 수도꼭지 보수하기   162
    1. 수도꼭지만 교환할 때   163
    2. 편심 유니온과 수도꼭지를 교체할 때   165
    아낌없이 주는 마당 – 테프론 테이프 감는 방법   168
    3. 보수용 부속으로 한개 레버식 수도꼭지 교환하기   169

03 욕실의 낡은 수도꼭지 보수하기   172
    1. 졸졸 새는 수도꼭지의 고무 패킹 교체하기   174
    2. 목돌림식에서 원터치 방식의 수도꼭지로 교체하기   176
    3. 슬라이드바(샤워기 걸이) 설치하기   180

04 우리집 세면기 수도꼭지 원터치식으로 바꾸기   182
    아낌없이 주는 마당 – 수도꼭지의 종류와 고장진단   186

05 우리집 세면기 통째로 교체하기   187

집안 분위기를 확 바꿔주는 베란다 마루&벽면 시공   194

01 마루로 변신한 우리집 베란다 바닥   196
    아낌없이 주는 마당 – 일반톱과 각도톱의 사용방법   202

02 패널로 꾸며본 우리집 베란다 벽면   205

집수리에 필요한
공구사용법 배우기

01 우리집에 꼭 필요한 공구이야기

02 집수리에 꼭 필요한 철물 이야기

03 초보자를 위한 공구사용법

04 꼭 지켜야 할 안전수칙과 공구관리요령

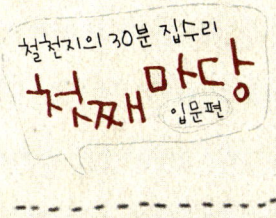

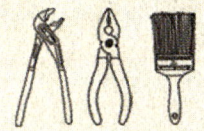

집집마다 하나쯤 비치해두어야 할 기본 공구들은 무엇일까요? 예전에는 망치와 못, 혹은 펜치 정도였는데, 요즘에는 전동공구를 비롯한 가정용 공구세트를 한 가정에 하나씩은 구비하고 있는 추세입니다.

첫째 마당에서는 집수리에 앞서 집수리에 필요한 공구에 대해 먼저 알아보겠습니다. 공구에는 여러 가지 종류들이 있으며, 각각의 공구들은 저마다 쓰임새가 있어서 잘 활용하면 아주 효율적인 기능을 발휘합니다. 예전에는 망치와 펜치 하나만 있으면 웬만한 것들은 모두 손볼 수 있었습니다만 집 안 곳곳에 다양한 장치들이 새롭게 만들어지면서 장치에 따른 공구의 종류도 늘어나고 있습니다.

구체적으로 가정에서 손쉽게 사용할 수 있는 공구의 쓰임새와 사용법, 그리고 공구에 따른 여러 가지 철물재료 등에 대해서 알아보겠습니다. 또한 집수리를 하고자 할 때 반드시 지켜야 할 안전수칙과 공구관리요령에 대해서도 짚고 넘어갑니다.

철천지의 30분집수리

우리집에 꼭 필요한 공구이야기

가정에 구비해두면 좋을 기본 공구에는 크게 수동공구와 전동공구가 있습니다. 전동공구는 진동드릴이나 충전드릴이 대표적이며, 원형톱, 직소기 등이 있습니다. 가정에서는 진동드릴이나 충전드릴 정도면 충분하며, 특별히 무엇을 만들거나 하지 않는 한 전기톱이나 직소기 등은 구비하지 않아도 됩니다.

수동공구는 전기나 건전지 등을 사용하지 않고 손으로 직접 사용하는 공구를 말하며, 흔히 알고 있는 망치, 펜치, 드라이버, 컷터, 파이프렌치, 줄자, 실리콘 총 등을 들 수 있습니다. 이것들은 가정용 필수 공구로서 가정마다 하나씩 구비해두는 것이 좋습니다.

1. 철물과 전동공구

● **전동드릴의 쓰임새와 구입법**

▲ 전동드릴

집 안에 새로운 조리 기구가 들어오면 뭔가 새로운 요리에 도전을 할 수 있다는 기대감이 있지 않습니까? 이런 기분은 일을 하는 전문가들도 마찬가지랍니다.

전동드릴은 이러한 기분을 들게 할 만큼 다양한 쓰임새를 가지고 있어 매우 편리합니다. 힘이 많이 들어가야 하는 나사 풀기나, 조이기, 그리고 두꺼운 벽면에 못 박을 일이 걱정되시지는 않았나요?

전동드릴은 이러한 힘든 일을 척척 해결해줍니다.

예전에는 전동드릴 가격이 고등학교 갓 졸업한 직장인 보름치 월급에 해당할 정도로 고가였지만, 지금은 대중화되어 5~6만원 정도면 쉽게 구입할 수 있는 저렴한 전동드릴이 많이 나와 있습니다.

드릴을 선택 할 때는 따져보고 용도에 맞는 제품으로 구입해야 합니다. 드릴은 끝에 물릴 수 있는 날의 지름에 따라 다르며, 주로 6~13 mm의 지름을 가진 제품이 일반적입니다. 지름이 큰 만큼 드릴의 소비전력과 힘도 크다는 것을 참고하시기 바랍니다. 가급적 부품 수급이 좋고 A/S 시 부품 가격이 비교적 저렴한 제품을 선택하는 것이 좋습니다. 간혹 부품을 구하지 못하거나 부품 구입비가 새 제품 구입비 보다 비싸서 무용지물이 되는 경우도 있습니다. 가정에서는 진동드릴 한 개와 충전드릴 한 개 정도만 있으면 웬만한 작업은 모두 수행할 수 있습니다.

 드릴을 이용한 여러 가지 사용법은 40쪽에 자세히 나와 있습니다.

● 전동드릴의 종류

드릴에는 여러 가지가 있습니다. 가장 흔히 볼 수 있는 드릴은 진동드릴과 충전드릴이며, 용도에 따라 해머드릴, 일반드릴도 있습니다. 지금부터 드릴의 종류에 대해 간단히 살펴보겠습니다.

●● 진동드릴

일반 가정에서 범용적으로 사용할 수 있는 드릴입니다. 보통 좌우 회전과 속도 조절로 목재와 철재에 나사못을 고정하거나, 콘크리트 벽면에 구멍을 뚫기 위한 진동 기능이 있습니다. 한 대로 여러 가지 역할을 수행할 수 있는 다양한 기능을 가지고 있으며, 끝에 물릴 수 있는 날의 지름이 최대 10~13mm의 제품이 일반적입니다. 콘크리트 벽면에 10mm 미만의 구멍을 뚫을 때 주로 사용합니다.

▲ 진동드릴

●● 해머드릴

전문가들이 사용하는 드릴로써 주로 벽면에 구멍을 뚫을 때 사용합니다. 전문가용 드릴은 해머(Hammer) 기능으로 진동(Impact) 드릴로 벽면을 뚫는 것보다 훨씬 월등한 힘을 자랑합니다. 10mm 이상의 구멍을 뚫을 때 사용하고 일반드릴의 척핸들에 의한 고정이 아닌 특이한 모양의 원터치형 척이 사용됩니다.

▲ 전문가용 해머드릴

●● 일반드릴

전기로 사용하는 일반드릴로 회전만 됩니다. 제품에 따라서 속도 조절 기능이 있는 것, 좌우회전 기능이 있는 것, 우회전만 되는 것들이 있으며, 가볍기 때문에 공장에서 단순한 조립을 장시간 하는데 매우 편리합니다.

▲ 일반드릴

●● 충전드릴

충전드릴은 배터리로 드릴 회전을 하며, 동일한 사양의 일반드릴에 비해 2배 정도의 가격이지만, 이동성이 편리합니다. 전문가용 충전드릴은 콘크리트 벽에 구멍을 뚫을 수 있는 해머링 기능도 있습니다. 시중에서 볼 수 있는 충전드릴은 이동과 휴대가 편리하고, 좌우 회전 기능에 다양한 속도 조절 기능과 모터를 회전하는 클러치, 그리고 브레이크의 성능과 모터의 힘이 큰 것들이 많습니다. 이 충전드릴은 배터리 용량에 따라서 제품의 기능차이가 있습니다.

▲ 충전드릴 세트

▲ 이동이 편리한 충전드릴

3.6V(전기자재, 컴퓨터 조립용), 7.2V, 9.6V, 12V(목재, 철재 조립용) 등이 주로 판매되며, 내장된 배터리는 소모품이므로 배터리 수급이 원활한지를 확인하고 구입하는 것이 좋습니다. 충전드릴은 초보자나 노약자들도 매우 편리하게 사용할 수 있으며, 이동이 많은 전문가들도 필수 공구로 애용하는 제품입니다.

- **전동드릴의 액세서리들**

드릴의 매력은 앞 꼭지(척이라고 함)에 갖가지 용도의 비트와 날을 임의로 정착하여 사용할 수 있고, 비트만 교환하면 회전을 이용하여 용도에 맞는 작업을 수행할 수 있다는 점에 있습니다. 드릴의 회전력을 이용하여 다양하게 작업할 수 있는 드릴 액세서리에 대해 알아보겠습니다.

- • **드라이버 비트**

드릴로 나사못을 조이거나 풀 때에는 드라이버 비트를 사용합니다. 흔히 볼 수 있는 비트의 두께는 5mm 혹은 6.5mm이며, 길이는 보통 50~200mm 정도입니다. 비트의 길이나 모양에 따라 사용하는 용도가 다르다는 점을 알아두셔야 합니다.

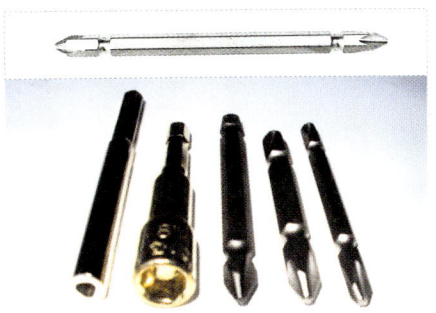

▲ 다양한 길이와 용도의 드릴 비트

- • **전동드릴용 날**

▲ 전동드릴용 날

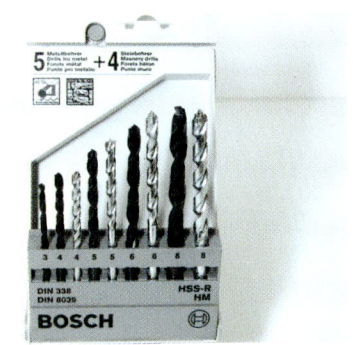

▲ 용도에 맞게 세트로도 판매한다

드릴로 벽면이나 철판, 혹은 목재에 구멍을 뚫을 때는 뾰족한 전동드릴용 날(흔히 '기리'라는 표현을 쓰기도 함)을 사용합니다. 진동드릴의 경우 회전시 앞 부분이 눌리면 '따따따' 하는 진동이 발생하면서 망치처럼 벽면을 때려 줍니다. 이때 때리면서 나오는 가루는 날의 산을 통해서 밖으로 배출이 됩니다.

▲ ① 콘크리트용 ② 철판용 ③ 목재용 날 　　　　▲ 목재용 날과 철판용 날로 목재에 뚫었을 때

드릴 날은 모서리 끝으로 구분할 수 있는데, 위 사진의 ①처럼 끝이 뭉뚝한 것은 콘크리트용 날이며, ②처럼 약간 뾰족한 것은 철판용, 그리고 ③처럼 끝이 예리한 것은 목재용입니다. 위 사진은 용도별 드릴 날의 모서리를 비교한 사진이며, 목재용과 철판용 날을 이용하여 나무에 뚫었을 때 파여지는 단면도를 표시한 것입니다. 콘크리트용 날은 3~13mm 까지 다양하게 구할 수 있습니다만, 주로 사용되는 두께는 3, 3.2, 5, 6, 6.5, 8, 9.5mm 입니다. 이 두께는 타격 앙카에 콘크리트 못을 고정하기 위한 두께입니다.

* 타격 앙카 ; 벽면에 나사못을 이용하여 가구나 철재, 액자, 등을 고정 할 때 사용하는 앙카.

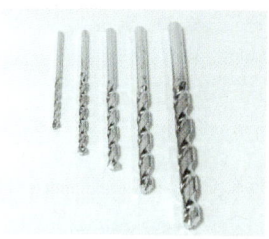 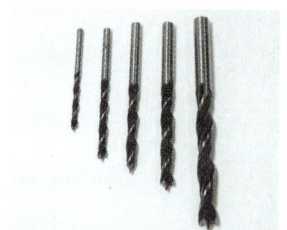 

▲ 콘크리트용 드릴 날　　　　▲ 목재용 드릴 날　　　　▲ 철판용 드릴 날

●● 홀소

▲ 구멍을 뚫을 때 사용하는 홀소　　　　▲ 용도에 따라 크기가 다양한 홀소

목재나 철판에 구멍을 뚫을 때, 홀소를 드릴에 꽂아 사용하면 손쉽게 구멍을 뚫을 수 있습니다. 드릴의 회전 방향을 시계 방향으로 해두고 회전을 하면 됩니다. 가정에서는 현관 보조키나, 가구의 뒷판 구멍을 뚫을 때 사용합니다. 목재보다는 철판에 구멍 뚫기가 더 어렵지만 철판의 경우 드릴을 양손으로 힘 있게 쥐고 작업해야 합니다.

▲ 현관문 등 철판에 구멍을 뚫을 때　　　　▲ 목재에 구멍을 뚫을 때

홀소를 드릴에 끼워 사용할 때, 현관문의 보조키에는 32mm의 구멍을, 주방의 싱크대 수도에는 38mm의 구멍을, 가구에는 전선이 통과할 수 있는 55mm의 구멍을 뚫습니다.

최대 사용 면적은 각 드릴마다 다르지만, 드릴을 구입할 때 포함되어 있는 설명서에 사용 면적의 범위가 표시되어 있으므로 참고하시기 바랍니다.

● ● **기타 드릴용 악세서리**

목재 등의 사포작업이나 얇은 철재 파이프 절단, 그리고 목재에 18cm 정도의 커다란 구멍을 뚫을 때에도 드릴을 이용하여 작업을 수행할 수 있습니다.

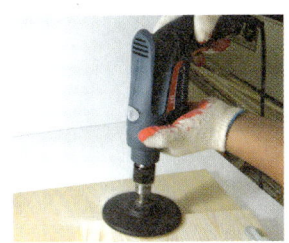 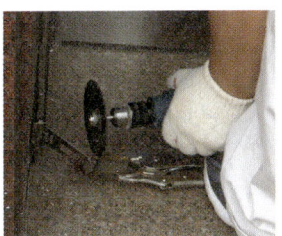 

▲ 드릴을 이용한 사포작업　　▲ 드릴을 이용한 철심 절단　　▲ 써클커터를 끼어 목재에 구멍내기

2. 철물과 수동공구

주변에서 흔히 볼 수 있는 수공구라면 망치나 펜치, 드라이버, 몽키스패너, 톱, 줄자 등을 들 수 있습니다. 이것들은 웬만하면 한두 번쯤 사용해본 경험이 있을 것이며, 어떻게 사용하는지 가르쳐주지 않아도 잘 아시리라 생각합니다.

간단해 보이는 이러한 수공구들은 집수리에 있어 가장 기본적인 공구가 됩니다. 그만큼 올바른 용도와 사용법을 알면 오래오래 사용할 수도 있으며, 효율적인 작업을 수행할 수 있습니다. 이번에는 가정용 수공구에 대해 알아보겠습니다.

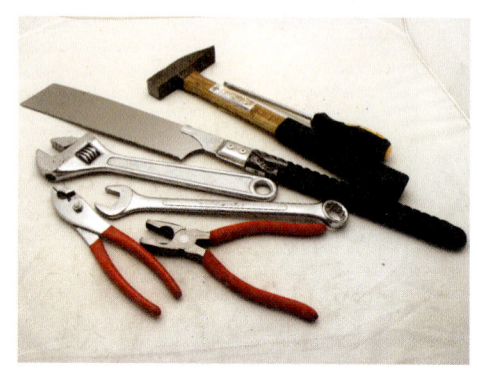

● 망치의 종류

망치는 가정에 한두 개쯤은 있는 수공구 중에 가장 흔한 대표 공구입니다. 아시다시피 못을 박는다거나 볼록 튀어나온 부분을 두드려 맞출 때 사용합니다. 누구나 사용할 수 있는 기본적인 공구이지만, 힘만으로 두드리는 것이 아닌 요령이 매우 중요합니다. 망치질에 대한 설명은 뒤에 다시 설명하겠습니다.

▲ 못 박기에 사용하는 일반 망치들

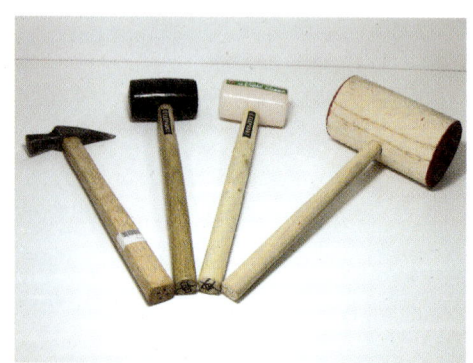

▲ 그외 고무, 나무 망치들

망치의 종류도 쓰임새에 따라 여러 가지가 있습니다. 목공용 망치, 판넬용 망치, 유리 망치와 나무 망치, 고무 망치, 우레탄 망치 등이 그것입니다. 가정용 망치로 적당한 것은 길이 350mm 이상, 무게 400g 정도의 두툼한 제품을 선택하는 것이 실용성 측면에서 좋습니다.

- 드라이버의 종류

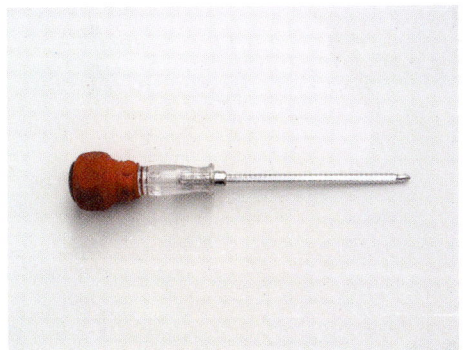
▲ 드라이버

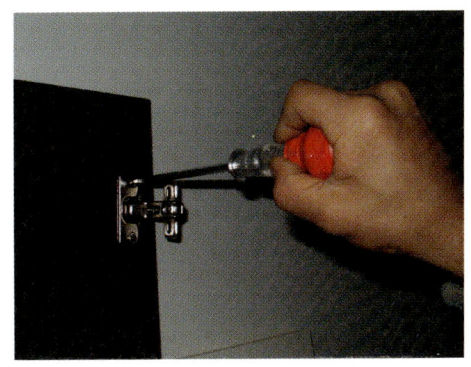
▲ 드라이버 사용하는 모습

드릴을 사용하더라도 미세한 작업이나 드릴이 들어가지 않는 좁은 공간은 드라이버 등을 사용해야만 합니다. 가정에서 사용할만한 일반 드라이버는 두께 5mm 혹은 6.5mm 정도, 길이도 50~200mm 정도가 가장 일반적입니다.

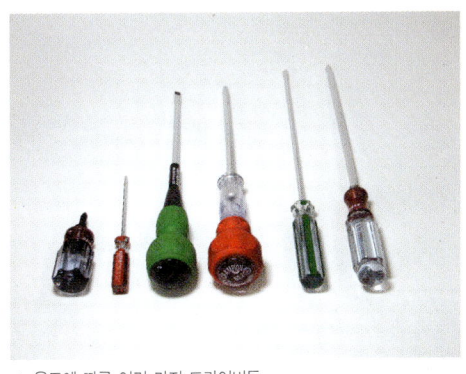
▲ 용도에 따른 여러 가지 드라이버들

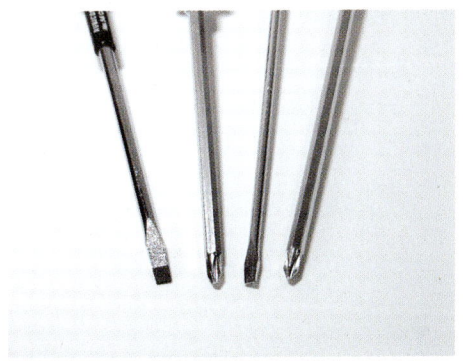
▲ 사용하는 용도에 따라 팁 끝이 다르다

드라이버는 끝부분인 팁의 강도가 생명입니다. 드라이버 팁의 강도에 따라서 가격이 다르며, 주로 크롬바나듐 재질의 제품이 사용됩니다. 또한 종류에도 일자 드라이버, 십자 드라이버용이 있으며, 양쪽으로 빼서 사용할 수 있는 양용 드라이버와 드라이버를 정처럼 사용할 수 있는 해머 드라이버 등이 있습니다.

- **펜치와 니퍼, 롱로우즈**

▲ 펜치

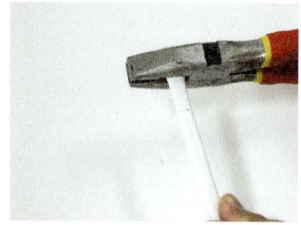
▲ 전선을 자를 때

▲ 롱노우즈와 니퍼

펜치는 보통 일본말로 '뻰찌' 라고 부르는 수공구입니다. 주로 전선을 자르거나 피복을 벗겨 낼 때, 그리고 철사를 구부리거나 자를 때 사용하는 편리한 공구입니다. 이와 비슷한 용도로 쓰이는 작은 크기의 니퍼와 롱노우즈도 전기 작업이나 얇은 철사의 절단 작업 등에 사용하는 수공구들입니다.

- **몽키스패너와 파이프렌치**

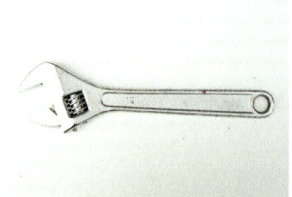
▲ 몽키스패너

▲ 볼트를 조이거나 풀 때

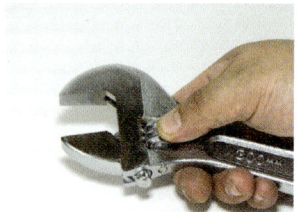
▲ 나사로 입의 넓이 조절

가정용으로는 12인치 이상의 제품을 사용합니다. 주로 볼트 머리가 육각인 수도꼭지 부위나 여러 가지 배관 부속을 조이거나 풀 때 사용합니다. 사용방법은 나사를 돌려 입의 넓이를 조절하면서 조이거나 풀고자 하는 부분을 맞춰가며 사용할 수 있습니다. 또한 비슷한 기능을 가지면서 입이 큰 파이프렌치는 전문가용이기도 하며, 입을 벌린 상태에서 잘 풀리지 않고 제품 강도도 우수합니다.

▲ 파이프렌치

▲ 파이프렌치로 배관을 조이는 모습

- **첼라**

앞서 소개한 파이프렌치는 표면이 매끈한 파이프를 자체에 붙어 있는 이빨의 마찰로 강하게 회전시킬 때 주로 사용합니다. 가정에서는 12인치~14인치 이상을 사용하면 충분합니다.

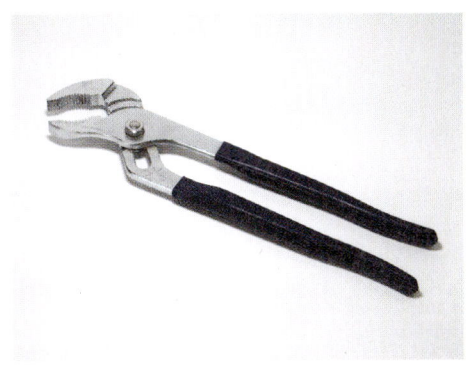
▲ 첼라

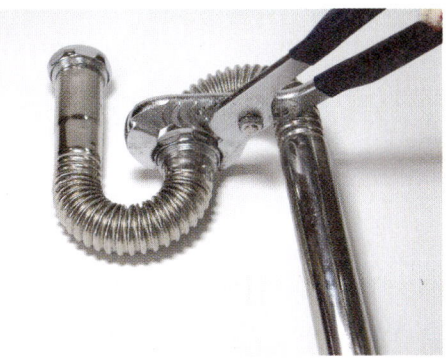
▲ 첼라로 수도 트랩 볼트 조립 모습

첼라는 주로 가스관이나 수도관 등의 배관 작업에 많이 사용합니다. 몽키스패너는 볼트 머리가 육각인 제품만을 회전시킬 수 있지만, 첼라는 파이프렌치의 기능도 있어 파이프렌치와 몽키스패너의 기능을 섞어놓은 듯한 제품입니다. 몽키스패너보다 입을 벌리고 좁히는 방법이 쉬워 배관 작업에 필수 도구로 사용합니다.

- **컷터**

사무용으로 사용하는 것보다 칼날이 큰 제품입니다. 엷은 날과 두꺼운 날 2가지 종류가 있고, 끝 날을 예리한 날로 교환 할 수 있는 장점이 있습니다. 벽지를 자르거나 얇은 합판을 자를 때에도 매우 유용하게 사용할 수 있는 공구입니다.

▲ 컷터

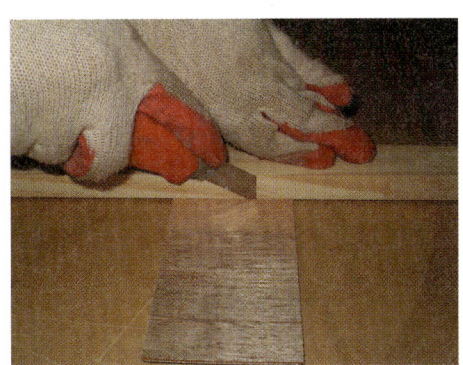
▲ 커터로 얇은 합판 자르기

● **실리콘의 종류와 쓰임새**

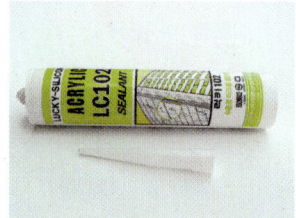
▲ 실리콘

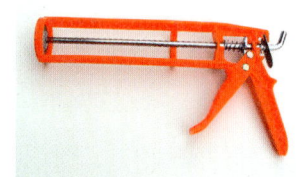
▲ 실리콘 총

▲ 실리콘 총에 실리콘 장착

실리콘은 방수의 목적도 있지만, 충진용으로도 사용하는 도구입니다. 따라서 원하는 색상에 맞춰 선택할 수 있으며, 금색, 백색, 녹색, 아이보리색, 적색, 청색, 체리색, 투명색, 흑색, 밤색 등의 다양한 색깔의 실리콘이 있습니다. 만약 실리콘이 없었다면, 시공한 부분의 깔끔한 마무리는 정말 어려웠을 겁니다. 가정에서는 벽면에 뚫린 보기 싫은 홈 메우기나 벌어진 틈새 등에 쉽게 활용할 수 있습니다. 실리콘은 마무리 작업 등이 빠르고 깔끔하게 처리할 수 있다는 장점 때문에 가정에서도 큰 인기를 얻고 있습니다.

실리콘은 쓰임새에 따라 여러 가지가 있습니다. 그중 초산형과 무초산형을 가장 많이 사용합니다.

▲ 여러 가지 종류의 실리콘

▲ 가장 많이 사용하는 실리콘(초산형, 무초산형)

● ● **초산형** : 초산 재질의 실리콘으로 굳는 속도가 무초산형에 비해 2배가 빠르며, 자칫 일부 금속을 부식시킬 수도 있습니다. 가격이 저렴하고 유리나 도기 재질에 우수한 접착력을 자랑합니다.

● ● **무초산형** : 비초산형이라고도 하며, 초산 성분이 실리콘 내에 혼합되지 않아 부식성이나 시큼한 냄새가 없습니다. 건조 속도가 초산형에 비해 느리지만, 새시 같은 곳의 부식은 염려하지 않아도 됩니다. 주로 거울공사, 알루미늄 새시, 나무, 석재 자재 등에 접착력이 우수합니다.

● ● **바이오형** : 곰팡이 방지용으로 욕조나 주방 등 습기가 많이 발생하는 공간에 사용합니다.

그 외에 수성 실리콘은 수성타입으로 냄새나 독성이 없습니다. 방수 기능은 없지만 아파트, 오피스텔 등 실내 석고보드, 벽지 마감재 등에 사용합니다.

> **참고하세요!** 실리콘 시공방법에 대한 자세한 설명은 64~65쪽을 참고하세요.

● **줄자의 종류와 실측법**

줄자는 길이를 측정할 때 사용합니다. 폭과 길이에 따라 가격이 다르며, 일부 저가용 제품은 정밀도도 크게 떨어지므로 구입시 가벼우면서도 길게 빼낼 수 있는 탄력이 있는 제품을 선택하시기를 권합니다. 가정에서는 5m 정도의 제품이면, 웬만한 곳의 실측이 가능합니다.

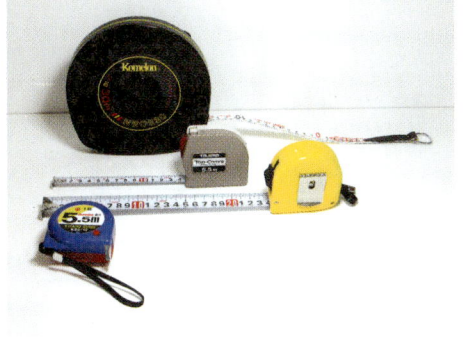

▲ 여러 가지 줄자들

다음은 줄자의 올바른 사용법을 보여줍니다. 줄자를 사용할 때에는 크게 수평재기와 수직재기가 있으며, 줄자를 제대로 사용하지 못하는 경우가 있으므로 아래의 사진을 참고하시기 바랍니다.

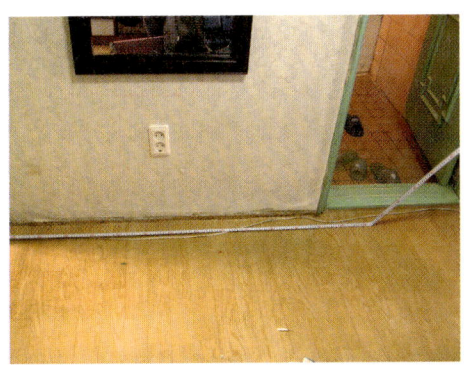

▲ 벽과 벽사이의 수평재기

▲ 바닥에서 천정까지 수직재기

- 쇠톱의 분리와 장착

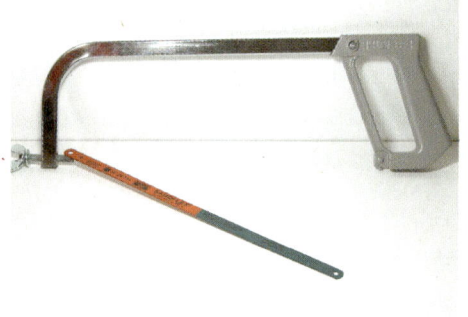

▲ 쇠톱 장착 전의 모습

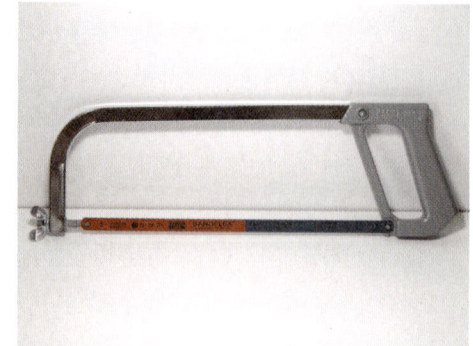

▲ 쇠톱 장착 후의 모습

파이프나 새시 등을 자를 때 사용하는 톱은 쇠톱대와 쇠톱날로 구성되어 있습니다. 가정에서 사용하는 쇠톱은 위가 막힌 제품 정도면 무난합니다. 그리고 톱날은 일반 톱날과 스테인리스도 절단할 수 있는 톱날이 있습니다. 가격은 일반 톱날에 비해 비싸지만 내구성이나 기능은 10배 이상입니다.

- 헤라와 스트리퍼

  - 헤라(쇠주걱)

▲ 퍼티에 사용하는 다양한 크기의 헤라

주로 벽면이나 바닥에 붙은 이물질을 제거할 때 사용합니다. 도장공사나 도배, 바닥공사 등에는 필수품이죠. 크기별로 있으며, 긁는 용도 말고도 핸디코트(Handy Coat)* 시공 등에 사용합니다.

* 핸디코트란 손으로 바를 수 있다는 말에서 유래된 건축 마감재의 일종. 인테리어나 집수리에 많이 쓰이며, 수성 조색제 등을 이용하여 다양한 색상과 질감 연출이 가능합니다. 주성분이 석회질이라 인체 무해하고 제습효과가 탁월하여 특별한 기술이 없어도 시공이 가능합니다. 종류로는 핸디텍스, 황토핸디코트, 테라코트 등이 있으며, 내·외장재로 폭넓게 사용하고 있습니다. (본문 150쪽 참조)

● ● 스트리퍼

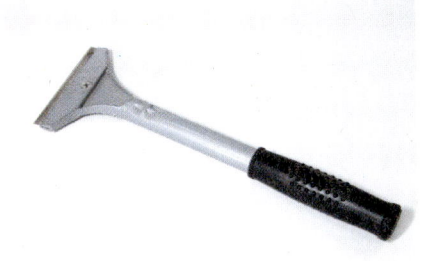

▲ 스트리퍼

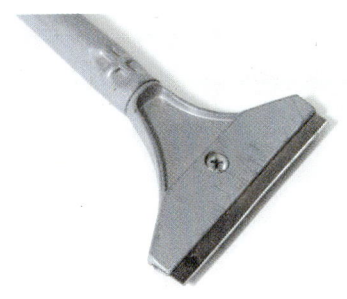

▲ 일반 컷터 칼날로 교환 사용이 가능하다

유리나 거울에 붙은 페인트 자국 등을 제거하고자 할 때에는 헤라보다 주로 스트리퍼를 사용합니다. 아울러 바닥의 이물질 제거에도 이 스트리퍼가 좋은 기능을 보여줍니다.

▲ 이물질 제거 전

▲ 이물질 제거 후

헤라는 유리 제품에 흠집을 낼 수 있는 반면 스트리퍼는 칼날을 고정시켜 손으로 긁는 것보다 훨씬 편리하게 지울 수 있습니다. 주로 유리에 붙은 시트지나 간판 시트지, 바닥 등에 단단히 붙은 접착 물질 등을 쉽게 벗겨낼 수 있어 가정에서 사용하기 매우 편리합니다.

집수리에 꼭 필요한 철물이야기

철물 재료는 그 가지 수를 세기 힘들 정도로 종류가 많습니다. 그 가운데에서도 가정에서 쉽게 사용할 수 있고, 가정용 공구에 필요한 용도 정도의 철물 재료를 소개할까 합니다.

철물 재료는 대부분 소모품이고 크기가 작기 때문에 잘 보관해야 하며, 여기 저기 방치해두면 못쓰게 되거나 정작 필요할 때에는 찾지 못해 또 구입하여 낭비하는 일이 있습니다.

작은 못 하나라도 꼼꼼히 챙겨 유사시에 적절하게 사용하는 생활의 지혜가 필요합니다.

이번 장은 가정용 필수 철물을 중심으로 소개하며, 용어가 다소 생소할 수 있으나, 그림을 보면 금방 아하~ 이거였구나! 하는 것들이 대부분입니다. 그럼 함께 배워보도록 하겠습니다.

1. 구멍 뚫을 때 쓰는 앙카

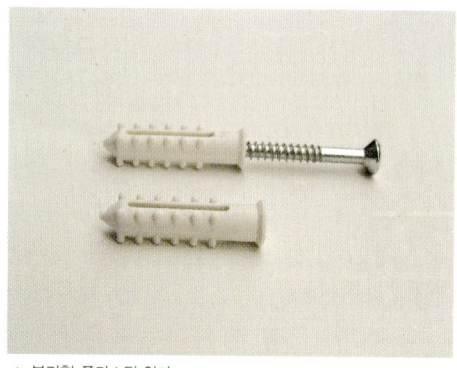

▲ 분리형 플라스틱 앙카

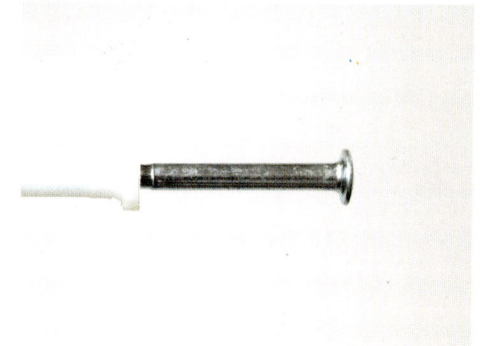

▲ 일체형 타격 앙카

- **가장 많이 쓰이는 플라스틱 앙카**

콘크리트 벽면이나 타일 등에 못이나 나사를 박을 때 좀처럼 박히지 않거나 박히더라도 헐거워지는 경우가 많습니다. 플라스틱 앙카는 이러한 벽에 못이나 나사를 이용하여 가구나 철재, 액자 등을 고정 할 때 사용하는 철물로 동네 철물점에서는 칼부럭이라는 말로 통용되기도 합니다. 이 제품의 원리는 삽입되는 나사못의 두께에 의해 좌우 벽면을 압착하여 빠지지 않도록 하며, 두껍고 긴 제품일수록 더 강력한 힘을 발휘합니다.

다음은 플라스틱 앙카 시공을 하였을 때 나타나는 단면도의 예입니다. 아래의 사진처럼 플라스틱 앙카를 박고 못을 박으면 훨씬 단단하게 고정됩니다. 특히 틈이나 공간이 많은 타일이나 얇은 합판, 철판 등지에 편리하게 못박기를 할 수 있습니다. 정상적인 콘크리트 벽이라면 30kg의 무게를 매달아도 빠지지 않습니다.

▲ 플라스틱 앙카가 박힌 모습

▲ 플라스틱 앙카에 못이 박히면 몸통이 팽창한다

보통 6mm, 6.5mm, 8mm가 있으며, 타격 앙카에 비해 볼트의 선택이 자유롭고, 무겁지는 않지만 두꺼운 제품을 고정 할 때 사용합니다. 또한 나사의 머리가 납작해야 할 때나, 물이 많아 녹슬지 않는 재질의 나사를 선택해야 할 때도 요긴하게 사용할 수 있습니다. 욕실과 관련된 액세서리에는 주로 이 플라스틱 앙카와 스텐 피스를 사용합니다. 6mm, 6.5mm 에는 #4 시리즈의 나사못이, 8mm에는 #6 시리즈 나사못을 사용합니다.

시중에서 볼 수 있는 앙카는 용도에 따라 여러 가지가 있는데, 그중 가장 많이 사용하는 것이 위에서 설명한 플라스틱 앙카 외에 타격 앙카, 그리고 동공 앙카입니다.

플라스틱 앙카 하중표 〈HILTI 매뉴얼 참조〉

앙카외경 구멍 직경(mm)	앙카길이 mm	구멍 깊이 mm	스크류 직경 mm	허용안전하중	
				인발력(kgf)	전달력(kgf)
5	25	30	2.6~4	30	40
6	30	35	3.5~5	50	90
8	40	45	4.5~6	80	120
10	50	55	6~8	140	100

●● 작업이 쉬운 타격 앙카

플라스틱 앙카와 달리 쉽게 작업할 수 있는 것이 이 타격 앙카인데, 이는 못이나 나사를 박을 때 드라이버로 일일이 조이지 않고 망치로 바로 박을 수 있기 때문에 편리합니다.

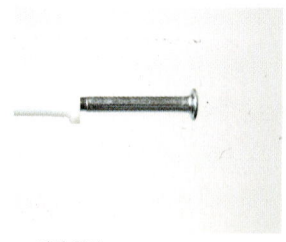
▲ 타격 앙카

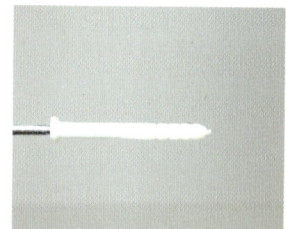

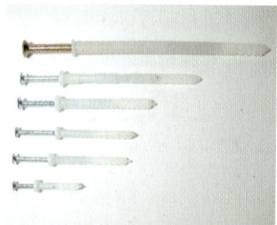
▲ 다양한 길이의 타격 앙카

타격 앙카는 표면의 지름에 따라서 5mm, 6mm, 8mm, 10mm 가 있습니다. 타격 앙카의 표기는 지름을 앞에 표시하고, 고정할 수 있는 최대 두께를 뒤에 표기합니다. 즉, 6/25 라고 표기되어 있으면, 지름이 6mm에 최대 고정할 수 있는 두께가 25mm라는 뜻입니다. 가정용으로는 보통 5/6, 6/12, 6/25, 6/40, 8/30 등을 사용합니다. 고정하고자 하는 물체의 무게와 크기에 따라 적당한 사양을 선택하면 됩니다.

타격 앙카 하중표

〈HILTI 매뉴얼 참조〉

앙카외경 구멍 직경(mm)	앙카길이 mm	구멍 깊이 mm	피부착재 최대두께(mm)	허용안전하중		최소 삽입 깊이(mm)
				인발력(kgf)	전달력(kgf)	
5	25	30	5	15	35	20
5	35	30	5	15	35	20
6	40	40	15	25	55	30
6	50	40	25	25	55	30
6	67	40	40	25	35	25
8	60	50	30	40	90	25
8	93	50	60	40	50	30

●● 속 빈 구조물에 사용하는 동공 앙카와 자천공 앙카

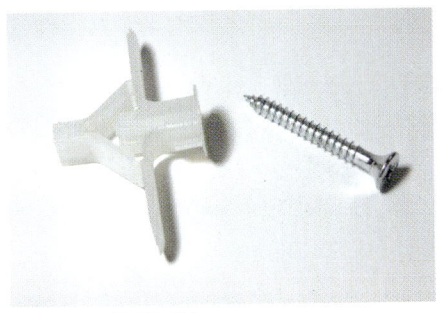
▲ 나사를 분리한 동공 앙카

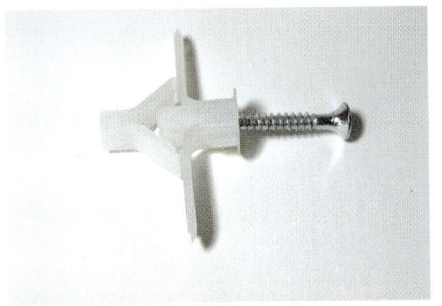
▲ 동공 앙카

속빈 구조에 사용하는 앙카 중에서는 동공 앙카와 자천공 앙카를 주로 사용합니다.

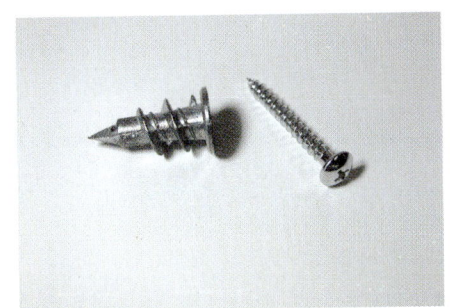
▲ 나사를 분리한 자천공 앙카

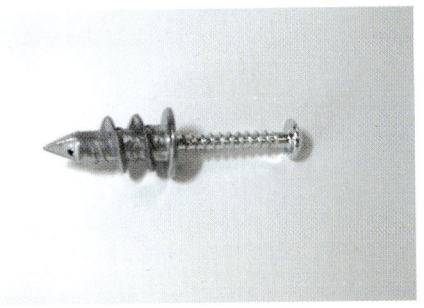
▲ 자천공 앙카

집안 화장실이나 벽면, 천정을 두드려 보면 속이 텅텅 빈 구조로 시공된 경우가 있습니다. 주로 UBR* 재질로 만들어진 플라스틱 천장과 석고보드 등의 단열이 경량화 된 외벽 시공을 하다보니 이런 구조에 어울리는 나사들이 있습니다. 자천공 앙카와 동공 앙카는 이렇게 속이 비어 있어 힘을 받지 못하는 석고보드나 합판, UBR 재질 등에 박음질을 할 때 사용합니다. 참고로 자천공 앙카는 12mm 이하 두께의 합판이나 석고보드 시공에, 동공 앙카는 4~19mm 두께의 속빈 구조물에 사용합니다.

* UBR : FRP 재질로 만들어진 일체화한 욕실(UNIT BATH ROOM)로써 방수판, 욕조, 벽체, 천정판 등에 사용함. 완벽한 방수 성능과 내구성, 내부식성이 우수함.

자천공 앙카 하중표

모재의 종류 풀번	석고보드 9mm	석고보드 12mm	석고보드 12mm×2	조판 6mm	베니어판 3mm
DWA-435	19kg	25kg	58kg	35kg	39kg

2. 앙카의 시공사례

일반적인 고정에는 플라스틱 앙카나 타격 앙카를 사용하지만, 속이 텅빈 구조물인 석고나 타일, 합판 등에 어떤 물체를 고정하거나 못을 박을 때에는 특별한 앙카를 사용해야 합니다.

속이 텅빈 합판이나, 석고보드에 못을 박으면 어떻게 될까요? 다음 사진에서 보다시피 헐거워 못이 금방 빠지거나 못이 물체의 무게를 지탱하지 못해 오래 버티기가 어렵습니다.

▲ 석고보드에 헐겁게 박혀 있는 일반 나사못

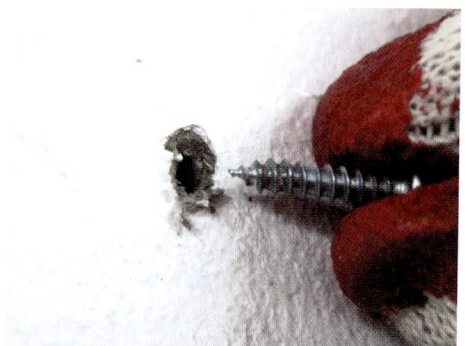

▲ 나사못만 박으면 쉽게 빠져 버린다

그래서 동공 앙카나 자천공 앙카가 나온 것인데, 다음은 이 두 가지 앙카의 시공과정을 현장의 실례를 들어 따라해 본 것이니 참조하시기 바랍니다.

- **동공 앙카 시공 따라하기**

  1 먼저 드릴에 12mm 드릴 날을 드릴 척에 끼우고 못을 박고자하는 석고보드에 작은 동공 앙카가 들어갈 만한 구멍을 뚫습니다.

  ▲ 12mm 구멍 뚫기

  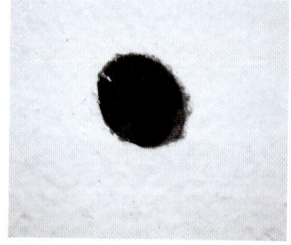

  ▲ 동공 앙카를 삽입하기 위해 12mm 구멍을 뚫었다

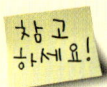

드릴에 12mm 드릴 날을 꽂는 이유는 대부분의 동공 앙카가 12mm의 크기이기 때문입니다.

❷ 구멍을 뚫었다면 동공 앙카의 날개를 손으로 구부려 구멍 속에 쏙 넣어줍니다.

▲ 손으로 살짝 구부려 준다

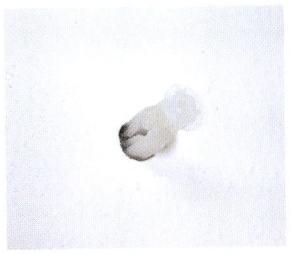
▲ 12mm 구멍에 삽입

▲ 삽입된 동공 앙카

❸ 그런 다음 나사를 보드에 박힌 동공 앙카에 삽입하고 걸고자 하는 물건을 걸어 드라이버나 드릴로 꽉 조입니다.

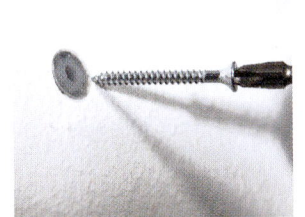
▲ 나사 못을 앙카에 삽입

▲ 드릴이나 드라이버로 돌려준다

- **자천공 앙카 시공 따라하기**

자천공 앙카는 동공 앙카와 달리 드릴로 구멍을 먼저 뚫어 줄 필요가 없습니다. 왜냐구요?

자천공이라는 의미가 스스로 구멍을 뚫는다는 뜻이므로 이 앙카는 드릴이나 드라이버로 돌려주기만 하면 구멍을 스스로 뚫고 들어가기 때문입니다.

❶ 자천공 앙카를 박을 적당한 위치를 정합니다.

▲ 박고자 하는 위치를 잡는다

❷ 준비한 자천공 앙카를 드릴이나 드라이버로 회전시키면 자천공 앙카 스스로 구멍을 파면서 들어갑니다.

 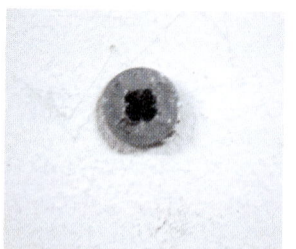

▲ 스스로 구멍을 파 들어간다   ▲ 석고보드 속에 박힌 자천공 앙카

❸ 자천공 앙카가 벽 속에 박혔으면 나사를 앙카 속에 삽입하고 드릴이나 드라이버로 조여줍니다.

▲ 나사를 앙카에 삽입하여 돌려준다

❹ 이제 걸고자 하는 물건을 걸고 나사를 완전히 고정합니다.

▲ 물체를 걸고 완전히 고정한다

3. 내진과 하중에 강한 토우앙카 사용법

프로젝터, 홈시어터, 벽걸이 스크린, 인테리어 선반, 벽시계, 조명기구 등 다용도로 사용할 수 있는 토우앙카는 내진과 하중에 강하여 콘크리트나 석고보드 어디에든 자유롭게 사용할 수 있는 만능 앙카입니다.

▲ 토우앙카의 하중 예

- **기본 시공 방법**

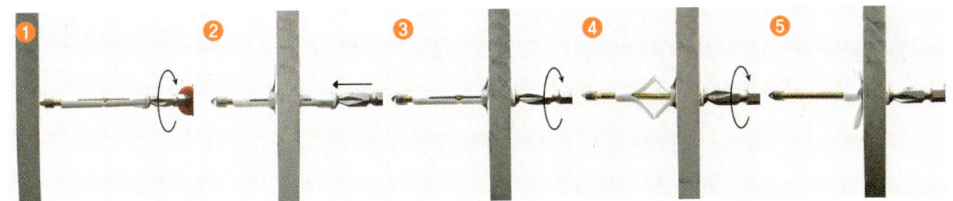

① 드라이버로 토우앙카를 정회전하여 석고보드에 천공합니다.

② 석고보드가 천공되면 회전을 멈추고 토우앙카를 완전히 삽입합니다.(회전과 동시에 삽입할 시 고정날개가 석고보드에 고정되지 않으므로 토우앙카가 헛돌아 전개체가 전개되지 않으니 석고보드가 뚫리면 반드시 회전을 멈추고 완전히 삽입하세요.)

③~④ 토우앙카를 회전부하가 느껴질 때까지 정회전합니다.

⑤ 시공이 완료되었습니다.

- **설치물의 고정홀 직경에 따른 시공 방법**

- - 설치물 고정홀의 직경이 5~7mm 이하일 경우

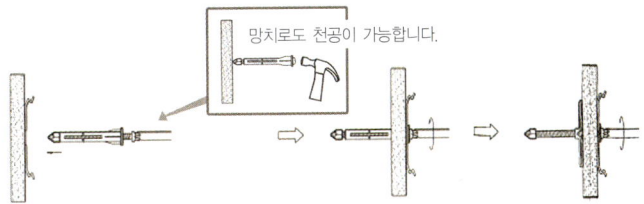

시공하고자 하는 석고보드 위치에 설치물 브라켓을 밀착시켜 토우앙카로 직접 시공합니다.

●● 설치물 고정홀의 직경이 3~5mm 미만일 경우

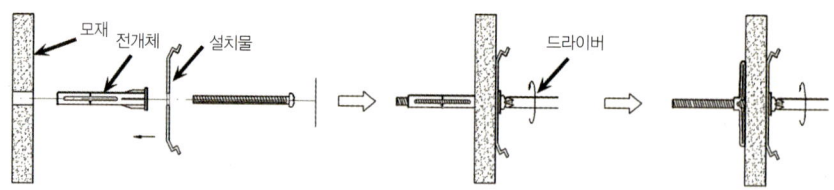

1. 토우앙카를 헤드비트, 전개체, 볼트순으로 분해합니다.

2. 석고보드에 설치물 브라켓을 시공하고자 하는 위치에 5~6mm로 타공합니다.

3. 전개체를 타공한 석고보드에 삽입한 뒤 설치물 브라켓 시공구멍을 삽입된 전개체 구멍에 맞춰 볼트를 체결한 후 드라이버를 사용하여 회전부하(조여지는 느낌)가 느껴질 때까지 정회전합니다.

●● 설치물 고정홀의 직경이 7mm 이상일 경우

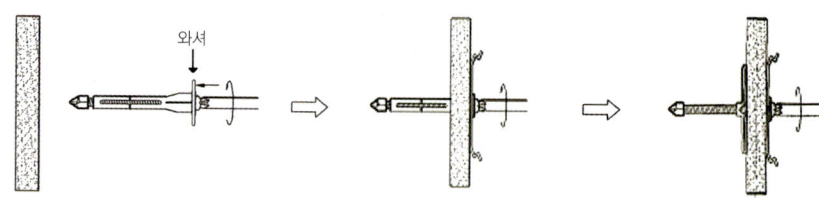

토우앙카에 내경이 6~7mm인 와셔를 끼운 다음 기본 시공방법과 동일하게 시공합니다.

●● 벽체에 액자, 거울, 시계 등의 실내장식물을 설치할 경우

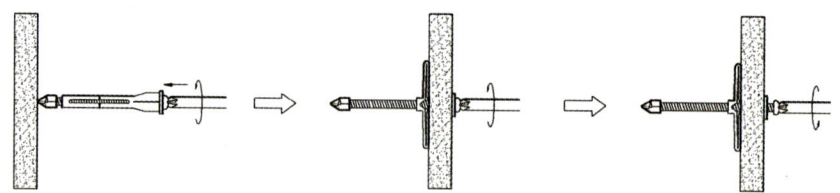

기본 시공방법과 동일하게 시공완료 후 고정된 토우앙카 볼트에 힘을 가하지 말고 역회전하여 원하는 길이만큼 빼내고 장식물을 설치합니다.

아낌없이 주는 마당

동공 앙카와 자천공 앙카 시공 단면의 예

❶ 얇은 합판 등에는 아래와 같이 동공 앙카를 사용합니다. 처음에는 뒷면의 앙카 날개가 쫑긋하게 섰지만, 못이나 나사를 박을수록 날개가 합판에 단단하게 밀착되는 모습을 볼 수 있습니다.

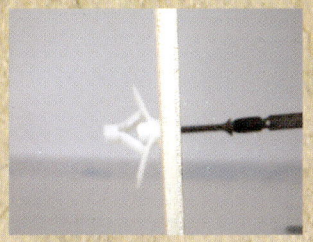
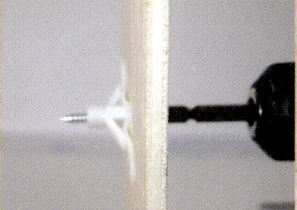

▲ 나사가 깊이 박힐 수록 날개가 합판에 밀착 된다

❷ 동공 앙카를 이용하여 이렇게 얇은 합판에도 나사를 단단하게 고정할 수 있습니다.

❸ 이번엔 자천공 앙카를 이용하여 얇은 합판에 나사를 고정하는 모습입니다. 이는 앙카 자체가 합판 사이에 끼워져 합판을 보강하면서 나사를 단단히 고정시키는 역할까지 합니다.

▲ 속빈 합판을 스스로 뚫어 앙카가 고정된다

❹ 얇은 벽면이나 나무 합판 등에 선반을 달 때에도 선반 무게를 충분히 지탱할 수 있도록 동공 앙카가 유용하게 사용됩니다.

▲ 앙카의 크기에 비해 높은 하중을 지탱시킬 수 있는 힘을 유지한다

- **동공 앙카와 자천공 앙카의 차이**

  동공 앙카는 먼저 드릴로 구멍을 뚫고 앙카를 삽입하는 방식이지만, 자천공 앙카는 나사못처럼 스스로 뚫고 들어가는 특징이 있습니다. 동공 앙카는 보통 4~19mm 두께의 합판이나 UBR 재질 등에 사용하며, 자천공 앙카는 3~12mm 두께의 합판이나 석고보드에 사용합니다.

4. 나사와 못

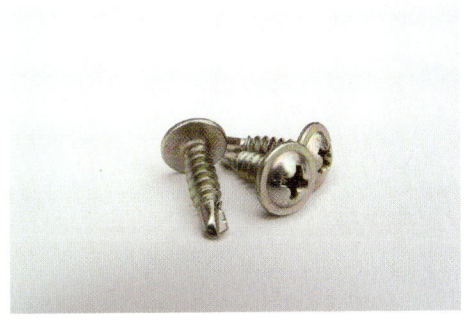
▲ 직결 나사

▲ 콘크리트 못

못과 나사는 아주 흔하면서 일상생활에 매우 중요한 철물입니다. 어디에 사용하는지는 굳이 설명하지 않아도 아시리라 생각합니다. 못은 종류에 따라 콘크리트못, 나사못, 나무못 등이 있으며, 크기도 각기 분류되어 있습니다. 못이나 나사는 철로 된 것이 대부분이며, 피스라고도 하는데, 이는 나사를 지칭하는 말입니다. 못과 나사는 이렇게 용도에 따라 여러 가지가 있으며, 필요한 용도에 따라 자유롭게 선택할 수 있습니다.

▲ 직결 나사의 여러 가지 머리 모양

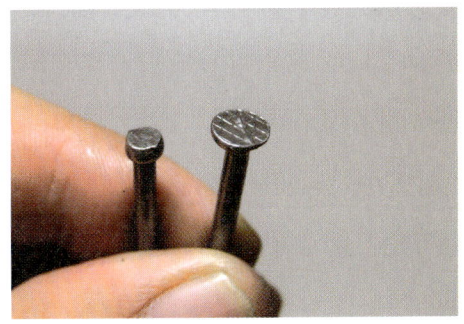
▲ 일반 못의 머리 모양

●● 잘 부러지지 않는 일반 나사

가정에서 사용하는 나사는 지름 4mm의 #4 시리즈 제품입니다. 방문용 경첩의 경우 지름 5mm의 #5 시리즈 제품을 주로 사용합니다. 나사못이 두툼하고 길수록 더욱 단단한 시공이 되며, 50mm 이상의 긴 나사못인 경우 열처리가 된 제품을 사용하면 잘 부러지지 않습니다. 나사못의 표기법도

▲ 무두못과 대두못

#4×35 등으로 되어 있으며, 앞의 #4는 규격을 말하고, 뒤의 35는 나사못의 길이를 뜻합니다. 재질도 일반강과 스테인리스강 재질이 있으며, 머리 모양도 둥근 머리, 접시 머리 모양 등이 있지만, 주로 접시 머리를 가장 많이 사용합니다.

●● 철판을 뚫는 직결 나사

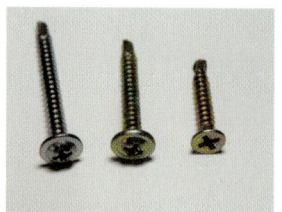 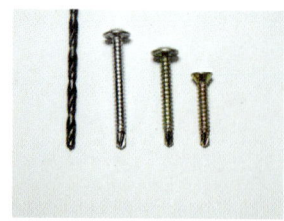 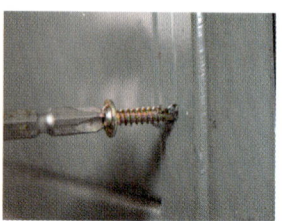

▲ 직결 나사의 다양한 머리   ▲ 철판용 드릴 날 끝과 직결 나사 끝 비교   ▲ 직결 나사로 철판 뚫기

직결 나사는 #8이 가장 많이 쓰입니다. #8이라는 규격은 지름이 8mm 된다는 것을 의미하는 것이 아니며, 다만 규격을 의미할 뿐입니다. 직결 나사의 끝은 철판을 파 들어갈 수 있도록 끝부분이 철판용 날처럼 생겼습니다. 그래서 가정에서 철판에 나사못을 고정 할 때에는 일일이 구멍을 뚫을 필요 없이 나사못을 천천히 돌려주면 쇠판을 파고들어 갑니다. 사이즈 표기는 #8/25 로 표기 되며, 앞의 숫자가 규격을 말하고, 뒤의 수치가 길이를 나타냅니다. 이 역시 재질에 따라서 일반강과 스테인리스강이 있으며, 머리의 모양도 둥근 머리, 접시 머리가 있습니다. 고정할 제품에 따라서 머리는 다양하게 사용할 수 있습니다.

●● 다용도 일반 못

동네 철물점에서 흔히 볼 수 있는 게 못입니다. 그러나 요즘에는 원하는 규격을 구하기가 쉽지 않다고 합니다. 원하는 못을 다양하게 구입하려면 구색을 갖추고 있는 철물 전문상가나 대형 매장을 찾아 구입하시기 바랍니다. 요즘에는 공구가 발달하여 자동으로 못을 박아주는 에어타카라는 공구까지 나왔는데, 이는 주로 전문가들이 많이 사용

▲ 여러 가지 에어타카

하는 공구입니다. 못은 목재 등을 이용한 작업시에 매우 긴요하게 사용되는 철물입니다.

머리의 모양에 따라 일반못, 대두못, 무두못 등이 있습니다. 못머리가 잘 보이지 않도록 시공 할 때는 무두못을 사용하고, 얇고 약한 재질을 못머리로 넓게 걸쳐서 시공 할 때에는 대두못을 사용합니다. 그러나 일반적으로는 사용할 때에는 그냥 일반못을 사용합니다.

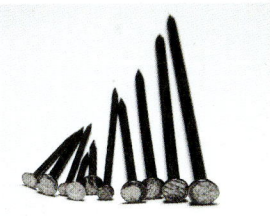
▲ 대두못

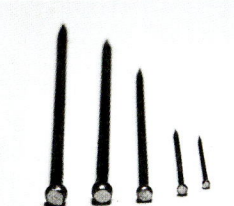
▲ 무두못

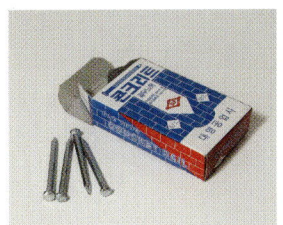
▲ 콘크리트 못

못의 크기는 보통 다음과 같은 규격이 있습니다.

4푼	12mm	1인치	25mm
5푼	15mm	1.5인치	38mm
6푼	19mm	2인치	50mm
7푼	22mm	2.5인치	63mm
		3인치	75mm
		3.5인치	90mm

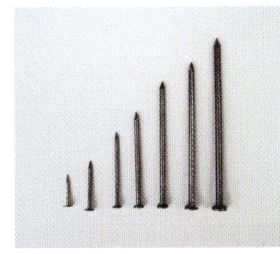
▲ 크기에 따른 여러 가지 못들

5. 사포의 종류와 기능

사포는 나무나 콘크리트 벽면, 금속 등의 거친 면을 다듬는데 사용합니다. 특히 나무로 만든 가구나 도색을 위한 곳에는 반드시 사포로 곱게 다듬어 주어야 합니다. 입자수가 많고 고운 면을 다듬을 때에는 숫자가 큰 사포를 구입해야 하며, 입자수가 적고 거친 면을 다듬을 때에는 숫자가 작은 사포를 구입해야 합니다. 천 사포는 보통 40~400방 사이의 제품이 있고, 종이 사포는 80~2000방의 제품이 있습니다. 천 사포는 주로 목공용으로, 종이 사포는 주로 철재용으로 많이 사용합니다.

사포의 여러 종류

사포의 수치는 일정한 망(Mesn)을 통과하는 알갱이들의 수치로 망의 수치가 곧 사포의 수치를 말합니다.

초보자를 위한 공구사용법

앞서 다양한 공구를 소개하면서 각각의 공구마다 쓰임새가 있음을 이야기했습니다. 공구를 잘못 사용하면 사고를 당하거나 자칫 하고자 했던 일을 그르치는 경우가 발생합니다. 공구의 올바른 사용은 사고를 미연에 방지할 수 있으며, 작업자가 의도한대로 목적을 달성하는데 도움을 줍니다.

이번 장에서는 가장 많이 사용하는 가정 공구 중에서 중요한 몇 가지를 선택하여 해당 공구의 사용법을 배워보도록 하겠습니다.

1. 진동드릴 사용법

 진동드릴의 모습과 몸통의 각 부위에 위치한 기능을 살펴봅니다.

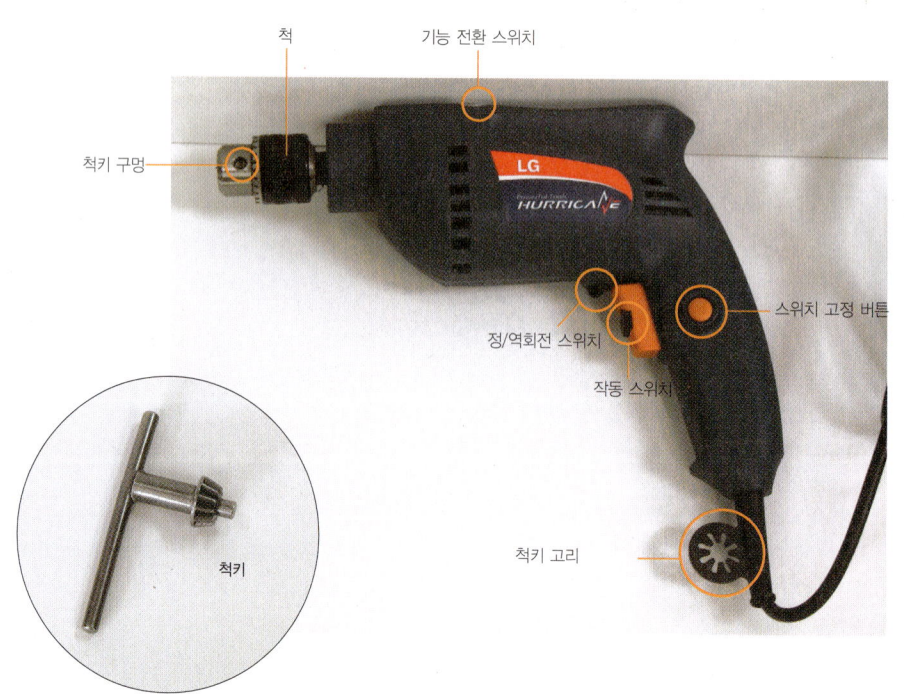

❷ 비트는 척키를 이용하여 고정합니다. 척키는 드릴에 드라이버 비트나 드릴 날을 끼울 때 시계방향으로 돌려 고정하기 편리하게 해주는 액세서리입니다. 항상 드릴에 끼워두고 사용하세요.

▲ 척키

▲ 드릴 날을 척에 끼우는 모습

▲ 척키를 척키 구멍에 넣어 조여준다

❸ 정확한 작업 수행을 위한 올바른 자세

드릴을 사용하여 구멍을 뚫을 땐 양손을 사용하여 힘을 주고 안정된 자세를 취해야 합니다.

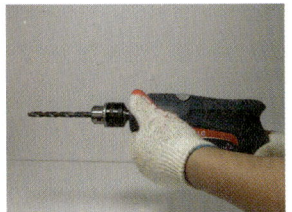
▲ 양손을 사용한다

▲ 한 손을 드릴 앞 몸통을 잡아준다

▲ 체중을 실어 사용한다

❹ 원하는 위치에 정확히 뚫기(철판에 나사못 고정시)

나사를 고정할 때에는 고정할 재질의 강도에 비례해서 드릴의 회전 속도에 맞춰 강하게 눌러 주어야 합니다. 철판에 고정을 할 때는 체중의 2/3를 드릴에 싣고 눌러 주어야만 드라이버 비트를 오래 사용할 수 있습니다. 정확히 눌러주지 않을 경우 '다다다' 하는 소리가 나면서 비트의 수명을 단축시킵니다.

▲ 위치를 선정한다

▲ 드릴을 회전한다

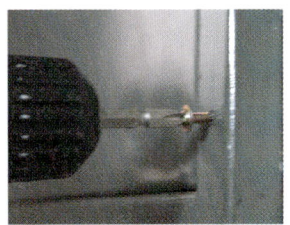
▲ 철판에 나사가 자동 고정된다

 드릴의 파워에는 한계가 있습니다. 한계를 무시하고 무리하게 작업을 하다 보면 드릴 본체가 과열되기 쉽습니다. 작업시 드릴 몸체가 과열된다 싶으면 잠시 쉬면서 작업을 해주는 것이 좋습니다. 간혹 드릴 작업을 하다가 벽 속에 철근이 있는 경우가 있는데, 아마 느껴지는 감각도 다르게 느껴질 것입니다. 이럴 때에는 대각선으로 2cm 가량 위치를 이동해서 작업하시기 바랍니다.

또한 무리한 작업을 하다보면 발열로 인해 내부 부속물이 타기도 하는데, 이때 소요되는 수리비도 만만치 않습니다. 실제로 콘크리트 드릴 날을 드릴에 끼우고 타격 기능으로 해두지 않은 상태에서 드릴로 계속 콘크리트 벽면에 회전시키면, 구멍도 뚫리지도 않을뿐더러, 시간이 지나면서 드릴에서 하얀 연기가 나오기도 합니다.

❺ 사용 후에는 반드시 먼지 등을 제거하여 깨끗이 손질해주시는 것이 좋습니다. 올바른 관리는 공구의 성능과 수명을 연장시켜 줍니다.

2. 망치 사용법

▲ 손으로 고정하여 망치질 할 때

▲ 펜치 등으로 못을 고정하여 망치질 할 때

망치질은 아무나 할 수 있지만, 간단한 망치질에도 요령이 있습니다. 망치질은 정확한 타격이 우선이며, 그 다음이 힘입니다. 최근에는 압축공기를 이용한 에어타카라는 못박는 공구가 있어 편리하게 못을 박을 수 있지만, 가끔 하는 망치질 때문에 전문 장비를 구입하는 것은 부담스러운 일입니다.

•• 초보자를 위한 올바른 망치질의 2가지 요소

망치를 처음 잡아보는 분들에게 있어 망치질은 결코 힘으로 되는 일이 아님을 말씀드립니다. 특히 초보자에게 있어 망치질의 방법은 중요하며, 한번 익혀두면 쉽게 할 수 있습니다.

첫째, 대상물에 대한 정확도입니다.

둘째, 대상물에게 가하는 타격 강도입니다.

망치질에서 팔은 고정을 한 상태에서 팔꿈치를 축으로 한 손목의 힘만으로 가볍고 정확하게 타격을 해주어야 합니다. 손목의 반동을 이용하여 팔꿈치를 고정대로 이용하고, 정확도를 높이기 위해 못의 위치와 일치시킵니다. 망치의 위치는 숙련될수록 길게 잡습니다. 그만큼 회전력이 높아져 힘이 덜 들기 때문입니다.

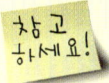

• **망치소리로 전문가를 구분한다?**

종종 옆 집에서 공사를 할 때나 주변에서 망치질 하는 소리를 들을 때가 있습니다. 이럴 때 소리만 듣고도 망치질 하는 사람이 초보자인지 전문가인지를 알 수 있답니다. 소리만 요란하게 빠른 박자로 땅땅땅땅 땅땅땅땅 하는 소리는 제대로 하는 망치질이 아니랍니다. 이는 벽면에 구멍만 만들 뿐 못은 박히지 않는 다는 증거죠.

그렇다면 숙련된 전문가의 망치질 소리는 어떨까요? 일단 긴 박자로 팡–팡–팡–팡 4~5번 정도면 못박기가 끝납니다. 그만큼 정확도와 타격 강도가 다르기 때문입니다. 정확도와 타격 강도를 맞추기란 그리 쉽지는 않습니다. 숙련되기 전까지는 보통 팡–팡–픽...과 같은 소리가 대부분입니다. 정확도가 부족하기 때문이겠죠.

•• 좀더 안전한 망치질

망치질 하는데 자신이 없거나 처음 해보는 망치질이라면, 못을 펜치 등으로 고정하여 정확성을 갖고 망치질을 하는 것이 좋습니다. 요즘에는 못을 고정하기 위한 용도로 '탱크팡팡' 이라는 제품도 판매되고 있지만, 가능하면 드릴을 이용하여 사용할 것을 권합니다.

▲ 탱크팡팡은 못을 고정하기가 쉽다

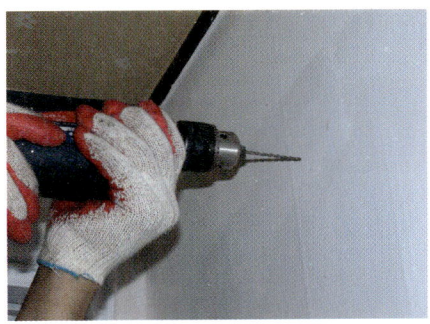

▲ 드릴을 이용하는 것이 편리하다

3. 파이프렌치, 몽키스패너, 첼라 사용법

적절한 사이즈로 입을 벌려서 돌리고자 하는 파이프나 볼트에 최대한의 힘을 발휘할 수 있도록 하는 게 요령입니다. 자칫 파이프나 볼트머리를 파괴시키게 되면 조이거나 푸는 작업이 불가능할 수도 있으므로 주의해야 합니다.

● ● **파이프렌치 사용법**

주로 수도 배관을 고칠 때 사용합니다. 몽키스패너에 비해 각이 없는 파이프를 강하게 회전시킬 때 좋습니다. 사용법은 조절기로 배관의 크기에 맞게 입을 조절하여 걸친 후 돌려주면, 톱니의 마찰력으로 파이프를 회전할 수 있습니다.

● ● **몽키스패너 사용법**

수도 배관이나 수도꼭지, 샤워꼭지 등 육각 볼트가 있는 부분을 강하게 회전할 때 사용하는 공구입니다. 조이거나 풀고자 하는 배관이나 꼭지를 입의 크기에 맞춰 톱니조절기로 조절하고 꽉 조인 후 좌 혹은 우로 연속해서 돌려주면 됩니다.

▲ 몽키스패너

▲ 몽키스패너 사용 예

● ● **첼라 사용법**

파이프렌치와 몽키스패너 기능을 합한 것으로 볼트와 너트의 조정과 수도관, 가스관 등의 배관공사에 사용하며, 특히 물림 범위를 자유롭게 사용할 수 있다는 장점이 있습니다. 넓이 조절은 쉬우나 몽키스패너나 파이프렌치만큼 강한 회전력은 다소 약한 것이 단점입니다. 사용법은 파이프렌치나 몽키스패너와 비슷하고, 손잡이를 조정하여 물림 범위를 맞춰 조여주면 됩니다.

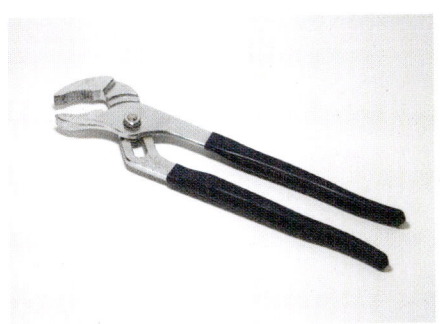
▲ 입의 크기를 조절하기가 쉽다

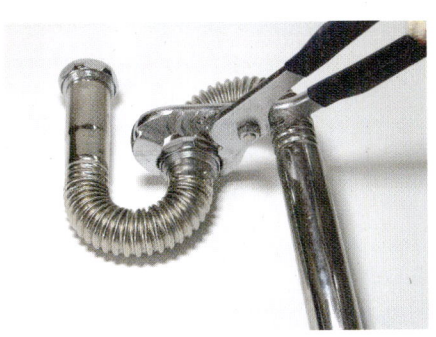
▲ 첼라로 배관 트랩 볼트 조이기 시공 예

4. 드라이버 사용법

나사머리와 맞는 크기의 드라이버를 선택하는 것이 중요합니다. 또한 드라이버는 길이가 길고 손잡이가 뭉뚝한 것이 사용할 때에 힘을 덜 들게 합니다. 만약 사용하는 것이 얇은 손잡이라면 헝겊 등을 감아 사용해도 좋습니다. 사용방법은 일단 나사의 홈에 드라이버를 정확히 맞춘 후 뒤를 눌러 주면서 돌려줍니다. 나사머리와 드라이버가 이상적으로 결합 되었을 때는 거꾸로 두어도 빠지지가 않습니다. 이렇게 해야만 조일 때 나사머리를 파괴시키지 않고 조이거나 풀어내는 작업이 가능합니다. 또한 해머 드라이버는 정을 대신할 수 있는 기능을 합니다.

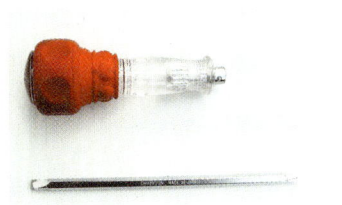
▲ 양용 드라이버를 분리한 모습

▲ 해머 드라이버

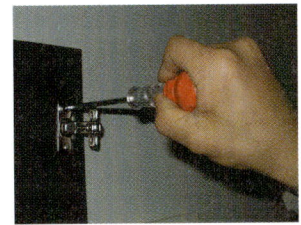

5. 펜치, 롱로우즈, 니퍼, 와이어커터 사용법

펜치를 일명 '뺀찌'라고 합니다. 정확한 표현은 사이드 커팅 플라이어입니다. 롱로우즈 플라이어는 '라디오 펜치', 그리고 니퍼는 '니빠'라고도 합니다. 모두가 철선을 자르거나 가늘고 작은 공구나 철물을 물어 지탱시켜 주고, 가는 전선의 피복 등을 벗겨내는 역할을 합니다. 또한 적당한 크기의 볼트나 너트, 혹은 나사를 조이거나 풀어내는 일도 합니다.

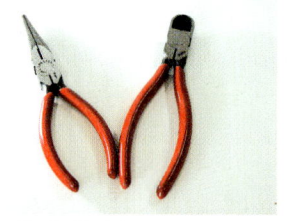 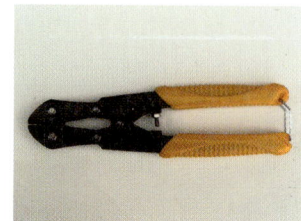 

▲ 롱로우즈와 니퍼   ▲ 와이어커터   ▲ 펜치

다만 용도를 벗어난 사용은 공구의 날을 무디게 하거나 기능을 헤칠 수 있으므로 무리한 용도로 사용하지 않는 것이 좋습니다. 공구별 사용법은 다음의 그림과 같습니다.

 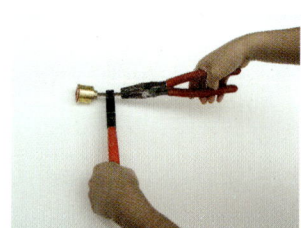 

▲ 전선을 잡을 때(펜치)   ▲ 철심을 자를 때(펜치)   ▲ 철심을 자를 때(와이어커터)

  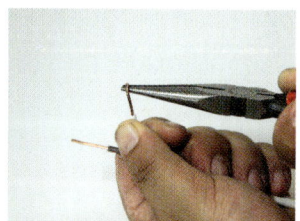

▲ 전선 피복을 벗길 때(니퍼)   ▲ 전선을 자를 때(펜치)   ▲ 철심을 구부릴 때(롱로우즈)

6. 장갑, 보안경, 방진 마스크

작업시 손을 보호합니다. 종류에는 일반 목장갑이 있으며, 한쪽에 잘 미끄러지지 않게 하기 위해 고무 재질을 붙인 제품이 있습니다. 미끄러지기 쉬운 무거운 제품을 들 때는 고무 재질로 감싼 장갑을 사용하시기 바랍니다. 또한 페인트칠과 같은 작업 시에는 페인트 제품에 따라 고무가 녹는 경우도 있으므로 주의해야 하며, 이럴 때에는 목장갑을 사용하는 것이 좋습니다.

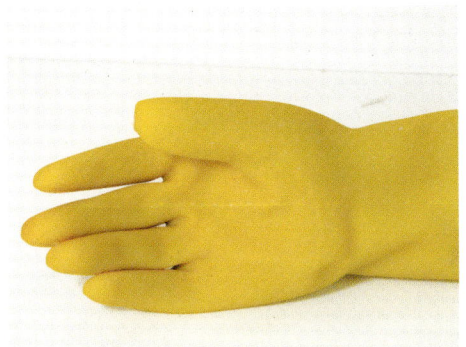
▲ 고무 장갑은 미끄러지는 것을 방지한다

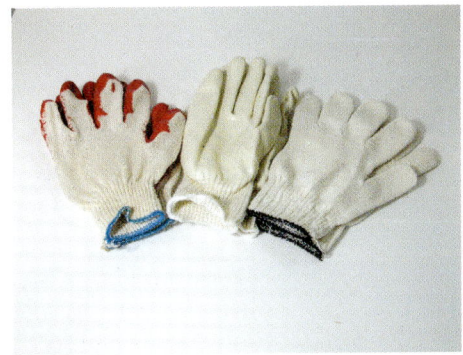
▲ 여러 가지 장갑들

특히 지저분한 오물을 제거하면서 해야 하는 작업의 경우에는 일회용 비닐장갑을 먼저 끼우고 일반 장갑을 덧끼우시기 바랍니다. 그외 작업시에 필요에 따라 안전모나 보안경, 방진 마스크, 토시 등을 착용해야 할 때도 있습니다.

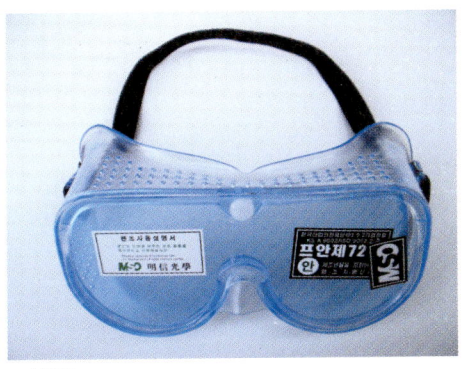
▲ 보안경

▲ 토시

꼭 지켜야 할 안전수칙과 공구관리요령

공구는 잘 사용하면 매우 편리한 도구이지만, 잘못 사용하면 위험성이 있는 제품이므로 항상 주의해서 사용해야 합니다. 가정용 공구를 사용할 때는 숙지해야 할 안전수칙이 있음에도 항상 하는 것이니깐, 혹 이정도 쯤이야 하는 자만심으로 그냥 무시해버리는 경우가 많습니다. 그러나 이는 잘못된 생각이며, 안전수칙은 반드시 지키는 습관을 길러야 합니다. 또한 아직 숙련되지 않는 단계라면 숙련자에게 충분한 설명과 주의사항을 듣고 임해야 합니다.

1. 집수리 전에 미리 정리해야 할 것들

- 작업장 주위는 항상 깨끗하게 정리, 정돈합니다.
- 필요한 공구를 사용할 때에는 반드시 사용 전에 점검부터 합니다.
- 작업장 혹은 작업시에는 만약을 대비한 응급장치나 약품들을 준비합니다.
- 작업을 할 때에는 가급적 밝은 곳에서 합니다.
- 습기나 물기가 있는 곳은 피하고 특히 전기에 유의합니다.
- 어린이와 노약자들이 공구 근처에 활동하지 않도록 합니다.
- 작업자가 작업중이라는 것을 알리고, 사람이 없는 곳에서 혼자하지 마세요.
- 작업에 필요한 공구를 잘 챙기고, 장갑이나 안전모, 작업 안경 등을 착용하는 것이 좋습니다.

2. 공구사용은 원칙대로 하세요

- 공구 사용설명서를 항상 숙지합니다.
- 공구에 무리한 힘을 가하지 않습니다.
- 공구는 항상 용도에 맞게 사용해야 합니다.
- 손상된 재료나 용도가 맞지 않는 부품을 함부로 사용하지 않습니다.

- 공구를 이용하여 작업을 할 때 가급적 양손을 사용하여 안정된 자세를 취합니다.
- 전기선이나 전화선, 그리고 배관(전기, 상하수도, 보일러 등)이 지나가는 곳을 유의해서 합니다.
- 전동공구의 부품이나 재료를 교환할 때에는 전원을 뽑고 합니다.

3. 올바른 공구 관리법

- 사용하지 않는 공구는 어린이의 손이 닿지 않는 곳에 보관합니다.
- 공구는 깨끗이 청소한 후 건조한 곳에 보관해야 합니다.
- 코드가 있는 공구를 무리하게 잡아당기지 않습니다.
- 전동공구는 정밀하게 제작된 것으로서 개조하거나 변형시켜서도 안되며 다른 목적으로 사용해서도 안됩니다.

4. 기타 주의해야 할 것들

- 가정에서 교체 시공을 할 때에는 기존에 설치된 제품의 부속품들(나사못이나 볼트 등)을 잘 보관하는 것이 좋습니다. 시공에 문제가 생겼을 때에 유용하게 사용할 수 있습니다.
- 교체 작업시 바닥이나 벽 등에 끼워진 여러 받침 조각이나 종이조각도 함부로 버리지 않도록 합니다. 현상에 맞게 응용해 둔 시공이므로 다시 사용할 수 있기 때문입니다.

누구나 할 수 있는
초간단 집수리 1단계

01 공간에 따라 손쉽게 못 박는법
02 소음이 나는 이음새 소리 없애기
03 흠집 난 창문 방충망 교체하기
04 헐거워진 이음새를 메워주는 실리콘
05 싱크대 환풍기에 필터 교체하기

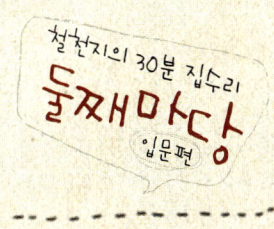

가정의 집수리라는 것이 무거운 공구를 사용하여 어려운 것을 뚝딱뚝딱 해결해야 한다거나 새로운 뭔가를 만들어내야 하는 것은 아닙니다. 가장 손쉬운 것에서부터 편리함과 효율성을 추구하는 것이 우선입니다. 작은 평수의 집이라 할지라도 가지고 있는 도구만 활용하면 훨씬 깔끔하고 아늑한 집안 분위기로 바꿀 수 있습니다.

아무리 청소를 해도 청소한 표가 안난다구요?

몰라서 못했던 것이라면, 이번 기회에 새롭게 배워 사용해보고, 알고 있었는데 하지 못했다면 이번 기회에 가족을 위해 도전해보세요.

작은 손길에서 큰 만족을 얻을 수 있는 흥미로운 계기가 될 것입니다.

행복한 집수리 DIY는 여러분이 생각했던 것보다 훨씬 재밌습니다.

철천지의 30분집수리

공간에 따라 손쉽게 못 박는법

일상생활에서 못 박을 일은 매우 많습니다. 또한 공간 및 용도에 따라 여러 가지 형태의 못 박기가 있기 때문에 용도에 맞는 철물재료와 공구 선택만 잘하면 안전하고 편리하게 못을 박을 수 있습니다. 이제 두려워 할 것 없이 망치로 못 정도는 스스로 박아보세요.

- 작업 시간 : 5분
- 난이도 : ★☆☆☆☆
- 재료비 : 1천원
- 절약비용 : 5천원
- 준비물 : 전동드릴, 콘크리트 못, 콘크리트용 비트 3mm, 망치
- 작업 순서
  ❶ 못 박을 곳 정하기
  ❷ 드릴로 구멍 뚫기
  ❸ 못이나 앙카 삽입하기
  ❹ 망치질하기

- **작업 힌트** : 못이나 나사를 박을 때 전동드릴을 이용하면 편리하게 못을 박을 수 있습니다. 또한 철물 중에서도 플라스틱 앙카나 타격 앙카, 동공 앙카, 자천공 앙카 등을 사용하면 박지 못할 곳이 없을 정도로 말끔하게 박을 수 있습니다.

집안에서는 못을 박을 일들이 종종 있습니다. 특히 이사를 갔을 경우엔 한나절 내내 못질만 하는 집도 있답니다. 못 박는 일이 아무 것도 아닌 일 같아도 요령을 모르면 맘대로 되지 않는 일 중의 하나랍니다. 특히 콘크리트 벽에 못을 박는 일이란 더욱 그렇습니다. 그렇다고 못 몇 개 박자고 전문가를 부르기란 매우 부담스러운 일이고요.

콘크리트 벽에 못 박는 방법을 간단히 설명하자면, 드릴로 벽에 구멍을 뚫어 플라스틱 앙카를 고정시킨 뒤 못을 박으면 쉽게 됩니다. 플라스틱 앙카는 이미 앞에서 배웠던 부분이므로 앞장을 참고하시기 바랍니다. 플라스틱 앙카란 칼부럭이라고도 하며 못과 벽 사이에 들어가서 빈 틈을 고정시키는 플라스틱을 말합니다.

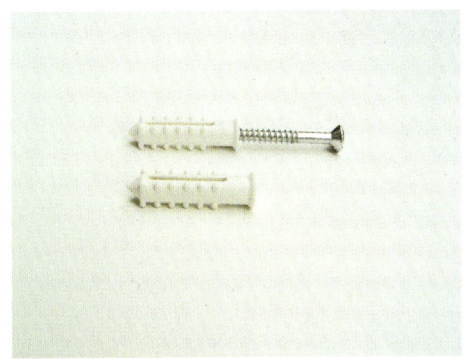
▲ 분리형 플라스틱 앙카

▲ 일체형 타격 앙카

구멍이나 못에 따라서 플라스틱 앙카의 크기도 다르기 때문에 맞는 것을 찾아서 사용하도록 하세요. 8/110 플라스틱 앙카를 사용하면 8mm 지름의 길이로 구멍을 뚫고 최대 두께 110mm의 물건을 잡고 있을 수 있습니다. 6/12는 12mm 두께까지, 6/40는 40mm 두께까지, 8/30는 30mm 두께까지, 8/110은 110mm 두께까지입니다. 두껍고 길수록 하중이 강한 물건을 매달기 좋겠죠?

타격 앙카는 나사를 박을 때 스크류 드라이버로 조이지 않고 망치로 바로 박을 수 있어 쉽고 편리합니다. 플라스틱 앙카와 같은 용도로 사용하며, 박고자 하는 물건의 하중에 따라 다양한 길이의 앙카가 있습니다. 참고로 박힌 앙카를 빼야할 경우에는 드라이버로 돌려 빼낼 수 있습니다.

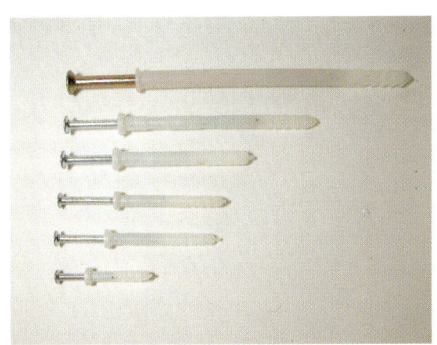
▲ 다양한 길이의 타격 앙카

분리형 플라스틱 앙카는 분리형으로 앙카만 별도로 나오기 때문에 적당한 나사를 골라서 사용하도록 하세요. 분리형 제품은 무겁지 않으면서 두꺼운 제품이나 플라스틱 부분에 제품 구멍이 맞지 않아 설치가 어려운 욕실 액세서리를 고정시킬 때 많이 사용합니다. 또한 철재 부속에 뚫려있는 구멍이 작아서 타격 앙카가 삽입되지 않을 때에는 나사못 두께 4mm 용도에 맞는 길이와 재질의 나사를 선택하여 사용하도록 하세요.

▲ 분리형 6mm 플라스틱 앙카 삽입 모습   ▲ 욕실 타일 위에 앙카 삽입 모습

일체형 제품은 일정한 현장 고정 작업이 많은 전문가들이 많이 사용합니다. 액자와 같이 작은 경우는 5/6의 작은 제품을 사용하고 베란다 선반의 경우 6/12 정도, 베란다 천정 건조대와 같은 무거운 물건은 8/30 정도의 제품을 사용하면 됩니다.

이런 앙카류는 가깝게는 베란다 천정 건조대부터 새시 문틀고정을 할 경우까지 매우 다양하게 사용할 수 있습니다.

🗨 작업 단계 : 드릴로 벽면에 구멍 뚫기 ▶ 못이나 앙카 삽입 및 고정 ▶ 망치질하기

① 원하는 위치에 드릴을 진동으로 해두고, 콘크리트용 드릴을 장착한 후 3mm 구멍을 뚫으세요.

▲ 원하는 위치에 구멍을 뚫는다

❷ 구멍을 뚫은 후 콘크리트 못을 구멍 안에 넣고 망치로 두세번 쳐 줍니다.

▲ 펜치나 손으로 못을 잘 받친다

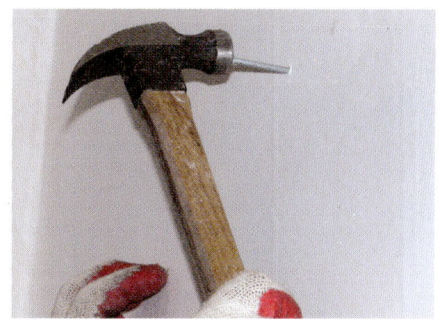

▲ 망치의 끝을 잡고 탕탕 내리친다

❸ 이제 걸고 싶은 것들을 벽면에 걸어줍니다.

▲ 액자를 걸어보았다

콘크리트 벽면에 구멍을 뚫을 때는 망치처럼 팡팡 치는 역할을 드릴이 대신 해줍니다. 드릴을 이용하면 작업 시간이 단축은 물론 조금이라도 소음을 줄일 수 있답니다. 드릴이나 망치질은 아무래도 이웃집에도 소음 피해를 주기 때문에 작업할 곳은 계획하여 한꺼번에, 그리고 미리 작업에 대한 양해를 구하는 것이 좋습니다. 보통 다세대나 아파트의 경우에는 좌우편 이웃집과 위아래 집 정도에 양해를 구하면 됩니다. 또한 작업은 보통 이웃집 가족이 비어있는 오전 10시~오후 5시 사이에 하는 것이 좋습니다.

참고하세요!

- **나무와 철판에 못박기 시공의 예**

  철판 위에 못 박는 것도 콘크리트 벽에 못박는 것과 다른 것은 없습니다. 철판 위에 드릴로 구멍을 뚫은 후 나사를 넣어 돌려주면 됩니다.

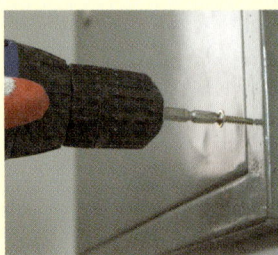  

- **나무에 못박기는 어떨까요?** 철판이나 콘크리트 벽면과는 조금 다르지만 원리는 모두 비슷합니다. 먼저 준비물인 진동드릴을 준비합니다.

  준비물 : 진동드릴, 3mm 드릴 날, #4×38 나사못, 드라이버 비트

▲ 3mm 구멍 뚫기

❶ 목재는 철판이나 콘크리트와는 달리 쉽게 갈라질 수 있습니다. 목재에 못을 박을 때는 3mm짜리 날로 먼저 구멍을 뚫어주세요.

▲ 나사못을 고정한다

❷ 그리고 #4 시리즈의 나사못의 지름이 약 4mm이므로, 고정을 하게 되면, 나사산이 목재에 끼워져 목재가 갈라지지 않고 고정이 잘 됩니다. 특히 가구 조립할 때 많은 도움이 됩니다.

▲ 3mm 뚫은 것과 차이가 많다

❸ 동일한 목재라도 나사못으로 직접 고정을 한 목재와 3mm로 못 길을 낸 상태에서 고정한 목재는 아래의 사진처럼 결과차이가 큽니다.

소음이 나는 이음새 소리 없애기

새시나 현관문, 혹은 방문을 여닫을 때, 끼~익 하는 소리가 종종 신경을 거슬르게 합니다. 빡빡한 이음새나 경첩 등에 윤활유만 뿌려줘도 이런 소음은 손쉽게 예방할 수 있습니다. 특히 낡은 문의 경첩이나 새시의 이음새에는 아주 효과적일 수 있습니다.

- **작업 시간** : 5분
- **난이도** : ★☆☆☆☆
- **재료비** : 3천원
- **절약비용** : 5천원
- **준비물** : WD-40 스프레이형 윤활유나 기타 윤활유

- **작업 순서**
  ① 이음새에 윤활유 뿌리기
  ② 5분 정도 기다리기
  ③ 여닫아 테스트하기

- **작업 힌트** : 윤활유 하나면 집안의 각종 잡음제거를 아주 효과적으로 줄일 수 있습니다. 소리가 나는 곳에 적당양의 윤활유를 뿌리고 5분 정도 있다가 여닫아보세요. 참고로 베어링 등 그리스가 채워진 곳에는 절대 윤활유를 뿌리지 마세요.

현관문이나 방문 등이 낡은 경우엔 오래된 이음새에서 찌익~하고 듣기 싫은 소리가 나죠?

이런 소리는 윤활유를 한번 뿌려주는 것으로 간단히 해결할 수 있습니다.

윤활유란 뻑뻑한 곳에 뿌려 부드럽게 제 구실을 할 수 있도록 도와주는 기름입니다. 자동차의 엔진오일도 윤활유고 그리스(grease)도 윤활유입니다. 윤활유는 찌익~하는 소음제거 외에도 쇠로 만들어진 부속들을 보호하는 역할을 합니다.

집 안에서 윤활유를 응용해서 쓸 수 있는 방법은 아주 다양합니다.

첫째, 잡음제거의 역할을 합니다. 뿌려주기만 하면 방문, 현관문의 경첩, 그리고 베란다 새시의 로울러에서 나는 소리를 모두 없애줍니다. 두 번째는 녹을 제거하고 전기흐름을 원활하게 도와 줍니다. 녹슨 나사가 풀어지지 않을 때 윤활유를 바르고 5분 정도 있으면 스르르 나사가 풀리 고요, 가전제품 연결부위의 녹을 윤활유를 발라 제거하면 전기가 더 잘 통한답니다. 세 번째로는 자국제거의 역할을 합니다. 스티커를 붙였다 떼어내면 끈적끈적하고 지저분한 자국이 남 죠? 그 위에 살살 뿌려주고 스트리퍼 등으로 긁어주면 자국이 깨끗하게 없어집니다. 화이트보드 위의 매직 자국도 마찬가지로 잘 지워져요.

> 작업 단계 : 현관문 이음새 등의 경첩에 윤활유 뿌리기 ▶ 문을 여닫아 테스트하기

1 찌~익 소리나는 경첩이나 새시문, 그리고 열쇠가 잘 안돌아가는 현관문 보조키 구멍에 윤활유를 한두번 뿌려줍니다.

▲ 자주 뻑뻑해지는 경첩

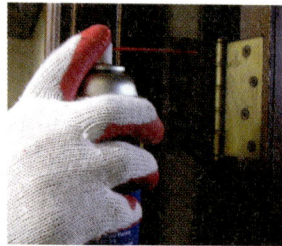
▲ 1~2회 뿌려준다

▲ 뻑뻑한 열쇠 구멍에도 뿌려준다

열쇠가 잘 안 열릴 때 윤활유를 뿌린 후, 열쇠를 넣었다 빼면 검은 이물질이 묻어 나옵니다. 이물질을 제거한 후 열쇠를 열면 훨씬 부드럽게 잘 열립니다.

❷ 현관문의 이음새나 찌익~ 소리 잘나는 새시에도 뿌려줍니다.

 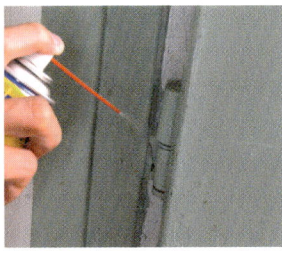 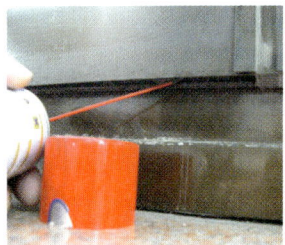

▲ 현관문 이음새에 뿌리기　　▲ 현관문 경첩에 뿌리기　　▲ 새시 로울러에 뿌리기

❸ 윤활유를 뿌린 후 5분 정도 있다가 문을 여닫아보며 테스트를 해봅니다.

▲ 윤활유를 뿌린 후 여닫이 점검　　▲ 열쇠 잠금 점검

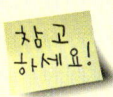

베어링 등 그리스가 가득 채워져 있는 곳엔 절대 윤활유를 뿌리지 마세요. 그리스는 윤활유에 녹아내릴 수가 있습니다.

윤활유를 뿌릴 때는 너무 많이 뿌리지 말고 적당히 살짝 뿌리는게 제일 좋습니다. 너무 많이 뿌리면 녹아내린 찌꺼기가 벽지 등으로 번질 수 있기 때문입니다. 단, 녹슨 나사같이 녹을 제거할 경우에는 흥건히 젖도록 뿌려주세요.

윤활유 구하기가 번거롭다면, 주사기 등에 식용유를 빨아들여 경첩에 조금만 발라주세요. 윤활유는 철물점이나 대형마트에서 쉽게 구입할 수 있습니다.

흠집 난 창문 방충망 교체하기

오래된 방충망이나 구멍 난 방충망은 제 기능을 하기엔 역부족입니다. 여름엔 특히 모기들에게 무방비로 노출되겠죠? 이럴 때 새시를 통째로 바꾸기 보다는 방충망만 바꿔줘도 새 것처럼 재활용할 수 있습니다.

누구나 할 수 있는 초간단 집수리 1단계

060

- 작업 시간 : 30분
- 난이도 : ★★☆☆☆
- 재료비 : 1만원
- 절약비용 : 2만원
- 준비물 : 새시용 방충망 제작 로울러, 알루미늄 방충망, 방충망 고정 고무, 가위, 커터
- 핵심 공구 : 방충망 제작 로울러
- 작업 순서
  1. 기존 방충망 제거하기
  2. 새 방충망 절단하기
  3. 로울러로 방충망 고정하기

• 작업 힌트 : 방충망의 핵심 작업 공구인 제작 로울러의 기능만 제대로 알아도 방충망 작업의 절반을 끝난 셈입니다. 그리고 제작 로울러로 방충망 이음새 부분을 꼼꼼히 고정해주어야 고정고무가 풀리지 않고 잘 붙어 있게 되겠죠?

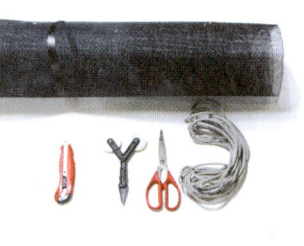

여름이 되면 아무래도 모기 때문에 방충망이 신경 쓰이죠? 아이가 있는 집이라면 더욱 그렇고요. 종종 밀어서 연결부위가 빠져버리기도 하고 구멍이 나기도 합니다. 플라스틱으로 된 하이새시나 은색새시 모두 방법은 똑같습니다. 도구 하나만 챙기면 당분간 방충망 걱정은 안 해도 된답니다. 그렇지만 방충망 틀까지 망가졌다면 그건 전문가의 손길이 필요하겠죠? 망가진 방충망 이젠 직접 고쳐볼까요?

작업 단계 : 기존 방충망 제거하기 ▶ 새 망 재단하기 ▶ 새 망 고정과 창틀에 끼우기

1 기존의 흠집 난 방충망을 해체합니다. 로울러 뒷 손잡이를 이용하여 방충망 고정 고무를 창틀로부터 뜯어낸 후 기존 방충망을 걷어냅니다.

▲ 손잡이로 모서리 고무 분리

▲ 고정 고무를 쭉 뽑아낸다

▲ 기존 방충망을 걷어낸다

2 갈아줄 새시틀 만큼의 새 방충망을 가위로 재단합니다. 이때 약간의 여유 공간을 남겨서 잘라주는 게 좋습니다.

▲ 가위를 사용하여 재단한다

▲ 방충망 재단하기

③ 방충망 제작 로울러*를 알면 작업이 쉽습니다. 첫 번째로 새 방충망을 올려 놓고 턱 없는 둥근 로울러로 고정 고무를 끼울 수 있도록 홈을 만들어 둡니다.

▲ 모서리 이음새 정리   ▲ 고정 고무 길 만들기

④ 모서리에 고정 고무가 꽉 박히도록 손잡이로 눌러줍니다. 그리고 위에서 만들어준 고정 고무 홈을 따라 턱이 있는 로울러로 누르면서 밀고나가며 고정고무를 홈에 끼워 넣으세요. 이때 로울러의 넓은 면이 방충망 틀쪽을 향하게 해서 사용하고, 방충망이 찢겨지지 않도록 조심하세요. 천천히 밀고 나가면서 고정 고무를 조금씩 밀어 넣어주면 잘 들어가도록 설계되어 있답니다.

▲ 턱이 있는 로울러로 누르며 밀고나가기   ▲ 모서리에 고정 고무 고정하기

▶ 방충망은 베란다에 주로 설치되기 때문에 작업할 때 안전사고에 유의하세요. 반드시 새시 틀을 완전히 떼어내서 작업하세요.
▶ 로울러를 밀다보면 이탈해서 방충망을 망가뜨릴 수 있으니 이점만 주의하면 문제될 게 없습니다.

*방충망을 고정고무에 밀어 넣어 주는 도구

❺ 망의 끝단은 대부분 홈 속으로 자연스레 들어가기 때문에 삐죽나온 일부분만 커터로 잘라주고, 고정 고무를 잡아 당기듯 길게 빼면서 눌러줍니다. 모서리에 조금씩 삐져나온 곳이 있다면 로울러의 뾰족한 부분으로 눌러주면 됩니다.

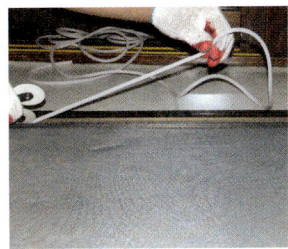

▲ 고정 고무를 당겨주면서 민다　　▲ 모서리 마무리

❻ 구멍 난 방충망을 깔끔하게 교체하였습니다. 그리고 원래 있던 곳에 교체한 새 방충망 새시를 끼워줍니다.

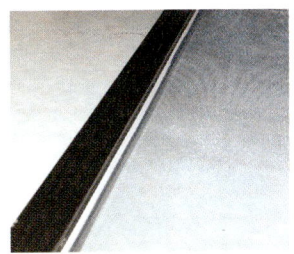

▲ 말끔히 고정된 방충망 고정 고무　　▲ 시공이 완료된 모습

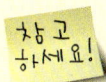

- 로울러의 기능을 아세요?

❶ 턱 있는 로울러 : 고정 고무를 밀어 넣을 때 사용합니다.
❷ 턱이 없는 둥근 로울러 : 방충망을 깔아 새시 틈새에 길을 낼 때 사용합니다.
❸ 손잡이 : 새시 틀 등의 이음새에 고무를 고정하여 마무리할 때 사용합니다.

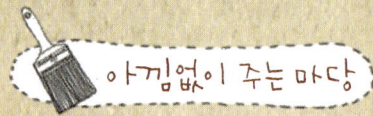
아낌없이 주는 마당

초보자도 간편하게 사용할 수 있는 실리콘 시공법

예전에는 몰라도 지금은 생활에서 자주 필요한 것이 실리콘입니다. 흠집이 난 벽면이나 물이 새는 창가 등 방수와 충전을 겸해야 하는 곳에는 아주 그만입니다. 실리콘이 나옴으로 해서 일상생활에 많은 이점이 있는 건 분명합니다. 전문가들처럼 예쁘게 시공하려면 진행방향과 속도조절, 그리고 균형 있는 방아쇠 조절이 필요합니다만, 이는 여러 번 해봐서 숙달되어야만 가능합니다. 다음은 간단한 실리콘 시공법입니다.

❶ 고정쇠를 눌러 총의 밀대를 최대한 당겨줍니다.

❷ 실리콘을 실리콘 총에 끼워 넣습니다.

▲ 실리콘 총 밀대를 당긴다

▲ 실리콘 총에 실리콘을 끼운다

❸ 실리콘을 끼운 후 밀대로 밀어 완전히 고정합니다.

❹ 장착 후 실리콘 끝 부분을 커터로 잘라줍니다.

▲ 실리콘 삽입 후 밀대 조정

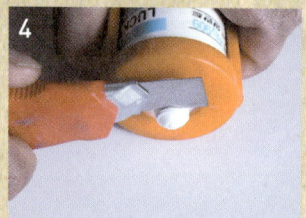
▲ 장착 후 실리콘 뚜껑을 자른다

❺ 밀대를 실리콘 안쪽까지 충분히 밀어넣습니다.

❻ 실리콘 촉의 구멍 크기를 고려하여 시공부위의 면적에 따라 커터로 잘라줍니다.

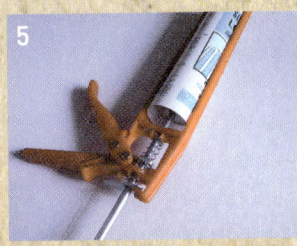
▲ 밀대로 충분히 고정한다

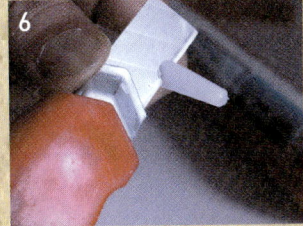
▲ 실리콘 촉의 적당한 위치를 자른다

❼ 도려낸 실리콘 촉의 면을 펜치 등으로 가볍게 눌러 납작하게 해줍니다.

❽ 납작하게 누른 실리콘 촉을 실리콘 앞 머리에 끼워넣습니다.

▲ 실리콘 촉 앞 부분을 눌러준다

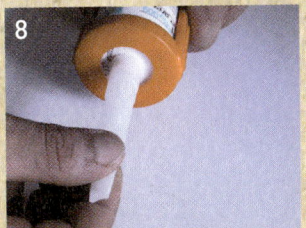
▲ 실리콘 머리에 촉을 끼운다

철천지의 30분집수리

헐거워진 이음새를 메워주는 실리콘

실리콘은 용도에 따라 여러 가지 종류가 있습니다. 방수용으로도 사용하지만 충진용으로도 많이 사용합니다. 실리콘 사용법을 알면 욕실이나 주방 등 습한 곳에 자주 발생하는 곰팡이 제거나 헐거워진 이음새를 메워주는데 아주 효과적입니다.

- 작업 시간 : 10분
- 난이도 : ★★☆☆☆
- 재료비 : 5천원
- 절약비용 : 1만 5천원
- 준비물 : 실리콘, 실리콘 총, 커터, 펜치
- 핵심 공구 : 실리콘 총

- 작업 순서 ❶ 낡은 이음새 제거하기
  ❷ 실리콘 장착 및 촉 자르기
  ❸ 실리콘 바르기
  ❹ 약 12시간 후 찌꺼기 제거하기

- **작업 힌트** : 실리콘은 가급적 용도에 맞게 선택하는 것이 좋습니다. 용도에 따라 각기 다른 실리콘이 있으므로 선택할 때에는 반드시 용도를 알고 구입하는 것이 좋습니다. 그리고 바르고자 하는 부위의 크기 따라 실리콘 촉을 잘라주어야 합니다.

누구나 할 수 있는 초간단 집수리 1단계

066

앞서 실리콘에 대해 설명하면서 실리콘의 종류에 따라 다양한 시공을 할 수 있다는 것을 배웠습니다. 여기서는 실리콘을 이용하여 지저분한 곳이나 낡은 이음새를 다시 메우는 실리콘 작업에 대해 배워볼까 합니다. 방법은 어느 용도나 같으므로 욕실이나 창틀, 베란다 이음새 등에 다양하게 응용해 보시기 바랍니다.

🍋 **작업 단계** : 낡은 이음새 제거 ▶ 간단한 청소 ▶ 실리콘 자르기 ▶ 실리콘 바르기 ▶ 찌꺼기 제거하기

❶ 실리콘 시공을 해야할 곳이나 다시 재시공할 부분을 커터를 사용하여 위아래를 도려냅니다.

▲ 실리콘 접착이 낡은 곳

▲ 컷터로 도려낸다

▲ 위 아래를 도려낸다

❷ 커터로 도려낸 후 기존의 실리콘을 뜯어냅니다. 모두 제거한 후 브러시나 헝겊으로 깨끗하게 닦아주는 것이 좋습니다. 실리콘 시공을 하기 전에 간단하게 실리콘 사용하는 방법을 배워보도록 합니다. 사용법을 확인 후 다음 작업으로 이동하시기 바랍니다.

▲ 낡은 실리콘을 제거한다

▲ 제거 후 청소는 필수

❸ 실리콘 촉을 적당한 크기로 잘라낸 후 앞 부분을 납작하게 눌러줍니다. 그리고 실리콘 촉 절단면과 시공 부위가 수평이 되도록 하여 시공해야 합니다. 진행 방향에 따라 방아쇠의 힘을 조절해야 적당한 굵기로 시공이 됩니다.

▲ 실리콘 촉 절단면과 시공 부위 수평유지   ▲ 방아쇠를 누르면 실리콘이 나온다   ▲ 방아쇠의 힘을 균일하게 유지

❹ 뜯어낸 부분에 실리콘을 다시 발랐습니다. 실리콘이 마르려면 12시간 정도의 시간이 필요한데, 마른 후에는 커터를 이용하여 지저분한 곳을 살살 긁어 주변을 깔끔하게 처리하면 작업이 완료됩니다.

▲ 마를 때까지 기다린다   ▲ 마른 후엔 잡티를 제거한다

실리콘은 용도에 맞게 사용하는 것이 좋습니다. 앞에서 배웠듯이 초산형, 무초산형, 수성용 등은 각기 쓰임새가 다르고 효과도 다를 수 있기 때문에 구입시 잘보고 선택해야 합니다.

05 싱크대 환풍기에 필터 교체하기

철천지의 30분집수리

어느 집이나 주방 싱크대를 사용합니다. 하지만 싱크대 환풍기에 필터가 있는 것을 아는 분들은 그리 많지 않습니다. 싱크대에서 요리를 할 때 나는 각종 냄새는 싱크대 환풍기 속에 있는 필터가 걸러줍니다. 이러한 필터가 오래되면 제 기능을 못하므로 수시로 필터를 교환해주어야 합니다.

- 작업 시간 : 10분
- 난이도 : ★☆☆☆☆
- 재료비 : 1천원
- 절약비용 : 5천원
- 준비물 : 환풍기 필터, 장갑
- 핵심 공구 : 장갑

- 작업 순서
  ❶ 환풍기 후드 필터캡 분리
  ❷ 필터캡 청소하기
  ❸ 새 필터로 교환하기

- **작업 힌트** : 주방 싱크대 위의 환풍기는 필터만 갈아줘도 좋지만, 이왕이면 환풍기 필터캡이나 후드 부분의 찌든 기름때까지도 함께 닦아주는 것이 주방 위생에 좋습니다. 이 부분은 자주 닦아주지 않으면 닦아내기도 쉽지 않습니다.

주방 환풍기 안에는 주방의 각종 기름냄새들을 걸러주는 필터가 있습니다. 물론 필터를 사용하지 않는 환풍기도 있습니다. 환풍기를 오래 사용하다 보면 이 기름 때문에 필터가 끈적끈적하게 변하게 되어 환풍기로서의 기능을 제대로 발휘하지 못하게 됩니다. 환풍기의 필터는 소모품이므로 주기적으로 교체해주는 것이 바람직합니다.

예전에 꼬치구이집 주방에서 아르바이트를 한 적이 있었는데 이 환기구에 쌓인 기름에 불이 붙어서 소방차가 출동한 적도 있답니다. 별 것 아닌 것 같은 기름때가 사건을 만든 셈이죠.

환풍기 주변에도 기름때가 있지만 환풍기 내부에도 청소하지 못한 기름때가 많이 붙어있습니다. 필터를 교환해 주면서 환풍기 내부 청소도 한다면 청결하고 깔끔한 주방을 유지하는데 많은 도움이 될 것입니다. 요즘은 할인매장과 인터넷 DIY 쇼핑몰에서도 환풍기 필터를 많이 판매하고 있습니다.

❶ 환풍기의 후드 필터캡을 분리하세요. 회사마다 필터캡을 분리하는 방법이 약간씩 다르지만, 대부분은 뚜껑에 달린 고정핀을 가방처럼 벌리고 빼는 구조입니다. 제품의 디자인마다 조금씩 다르니 유의하시기 바랍니다.

▲ 주방 환풍기 필터 교체하기 전   ▲ 후드 필터 커버를 연다

❷ 기존의 필터를 빼고 새 필터로 교환합니다. 필터도 회사마다 고정하는 부속이 조금씩 다릅니다.

▲ 후드 커버를 개폐한다   ▲ 철사를 분해한다   ▲ 필터를 걷어낸다

③ 필터를 빼냈던 것의 반대 순서로 재조립하세요.

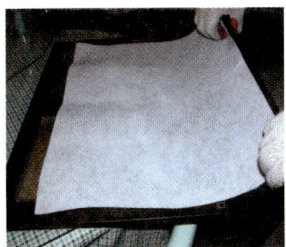 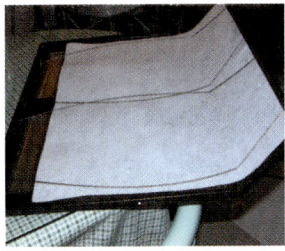 

▲ 새 필터를 깔아 크기를 맞춘다   ▲ 부착된 철사로 새 필터를 고정한다   ▲ 주방 환풍기 필터 교체 후

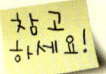

회사마다 필터를 고정하는 방법이 조금씩 다르긴 하지만 대부분 간단한 형태로 고정되어 있기 때문에 조금만 유심히 보면 어렵지 않게 할 수 있습니다. 후드 필터는 타지 않는 재질로 만들어져 있습니다. 비슷한 모양이라고 아무 천이나 끼워 사용하면 화재의 위험이 있으므로 주의하셔야 합니다.

현관 및 방문 보조키와
디지털 도어록 설치하기

01 비교적 간단한 우리집 현관정 달기
02 안전하고 편리한 디지털 도어록 달기
03 저렴하고 튼튼한 기계식 보조키 달기
04 예쁘고 깜찍한 방문 손잡이 교체하기

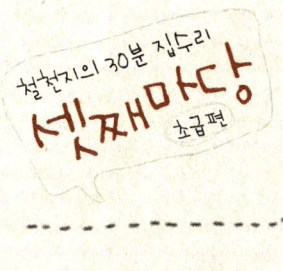

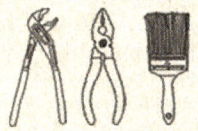

본격적인 집수리 DIY에 있어서 초보자가 뛰어넘어야 할 첫 단계가 보조키를 다는 일이 아닐까 생각합니다. 출장 기사를 부르면 적게는 4~5만원에서 많게는 10여 만원의 비용이 드는 일을 재료비만 가지고도 쉽고 저렴하게 달 수 있습니다.

특히 새로 이사 간 집의 경우 찜찜해서라도 보조키는 다시 달아야 합니다. 이럴 때 엄마나 아빠의 보조키 가는 실력을 자녀들에게 직접 보여주신다면 훌륭한 DIY 현장 학습이 되겠죠?

방문뿐만 아니라, 현관의 보조키와 전자식 보조키까지 모두 같은 원리로 이루어졌기 때문에 한번만 달아보면 다른 것들도 쉽게 달 수 있습니다.

철천지의 30분집수리

01 비교적 간단한 우리집 현관정 달기

사는 곳이 아파트라면 현관정이 없는 집은 거의 없을 겁니다. 현관정이라는 말이 생소하게 들릴지 모르지만, 이는 현관 손잡이를 말하며, 가장 기본적인 잠금장치이기도 합니다.

현관 및
방문 보조키와
디지털 도어록
설치하기

074

- 작업 시간 : 25분
- 난이도   : ★★☆☆☆
- 재료비   : 1만 5천원~3만원
- 절약비용 : 9천원~3만원
- 준비물   : 현관정 세트,
              해머 드라이버, 드릴, 망치
- 핵심 공구 : 드릴 작업 힌트

- 작업 순서 ❶ 기존 현관정 분해하기
             ❷ 새 현관정 조립하기
             ❸ 여닫이 테스트하기

• 작업 힌트 : 먼저 안쪽 손잡이를 분해할 때는 작은 송곳이나 못을 이용해 홈을 쳐주면 쉽게 빠집니다. 기존의 나사나 문틀 부속인 받이판 등은 분해하더라도 버리지 말고 보관해두면 맞지 않을 때 기존 것을 사용하면 잘 맞을 수 있습니다.

현관정이 뭐냐구요? 현관 손잡이+열쇠를 말합니다. 방문용 손잡이 보다 기능은 더 많고 주로 아파트 현관 철문에 설치합니다. 참고로 방문에 설치하는 방문 손잡이는 '방문용 실린더' 라고 합니다. 손잡이 모양에 따라서 레버형과 원통형이 있는데, 레버형은 ㄴ모양으로 막대기 같이 생겼고, 원통형은 둥근 모양 손잡이를 말합니다. 예전엔 원통형이 많았는데 요즘은 레버형을 더 많이 사용합니다.

현관정을 교환할 때는 기존에 뚫어져있던 구멍에 끼워 넣기만 하면 됩니다. 현관정은 온라인 철물점, 대형마트, 열쇠집에서 판매하며, 제품의 형태와 사용 재질, 표면 처리 방법에 내구성도 달라지고 가격대도 5천원~3만원 정도로 골고루 형성되어 있습니다. 아래의 현관정 분해도를 참고하면 조립하는데 도움이 됩니다.

현관정 분해도

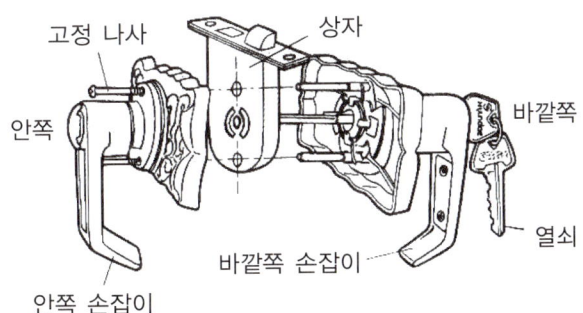

작업 단계 : 기존 현관정의 분해 ▶ 새 현관정 몸통 삽입 ▶ 손잡이 조립

① 현관정 해체를 위해 내부에서 손잡이 목부분의 동그란 홈에 긴못(혹은 해머 드라이버)이나 송곳을 대고 망치로 살짝 치면 안쪽 손잡이가 돌아가면서 풀립니다.

▲ 낡은 기존의 현관정

▲ 작은 홈이 있습니다

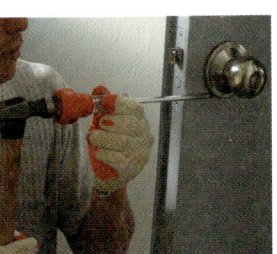
▲ 드라이버로 홈을 쳐준다

❷ 안쪽 손잡이의 둥근 좌판을 좌측으로 돌려 풀어내면서 안쪽과 바깥 손잡이를 분리합니다.

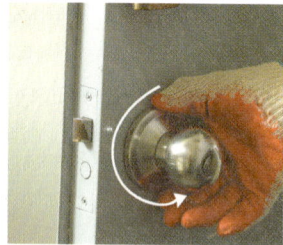 

▲ 둥근 좌판을 좌로 돌린다   ▲ 안쪽 손잡이를 분리한다

❸ 부착판의 나사못을 분해하고 부착판을 돌려서 열면 부착판이 빠집니다. 이때 문과 열쇠의 수평을 맞추어주는 하얗고 동그란 부속이 문 속으로 빠지지 않도록 주의합니다.

 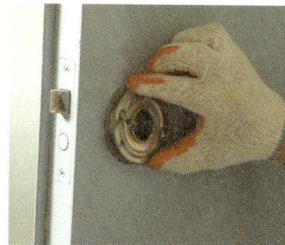 

▲ 안쪽 부착판 몸통 나사를 푼다   ▲ 안쪽 부착판을 떼어낸다   ▲ 부착판 나사에 걸린 하얀 부속

❹ 그리고 현관문 바깥쪽에서도 바깥 손잡이를 잡아 떼어냅니다.

▲ 상자의 각촉 구멍이 보인다   ▲ 바깥 손잡이도 분리한다

❺ 문에 고정된 상자의 면판 고정나사 2개를 풀고 상자 몸통을 빼내면 완전히 분리됩니다.

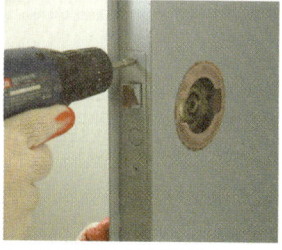  

▲ 상자의 면판 고정나사를 푼다   ▲ 상자를 꺼낸다   ▲ 완전히 분리된 모습

❻ 분리가 성공적으로 끝났다면 다시 조립하는 것은 분해의 역순으로 하면 됩니다. 분해할 때의 순서를 부품에 맞게 기억해두면 나중에 편리합니다.

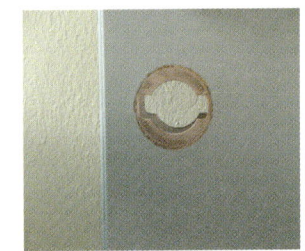

❼ 문틀 부속도 KS제품이라면 사이즈가 일정하므로 쉽게 교환할 수 있습니다. 그럼 문틀 부속들부터 조립해 보겠습니다. 먼저 문틀에 상자를 끼운 채로 래치의 경사면이 문이 닫히는 방향과 맞는지 확인(문을 여닫아 봄)하고 상자의 면판 고정나사를 고정합니다.

❽ 바깥 쪽 손잡이를 바깥 손잡이의 각축이 상자의 각축 구멍에 맞는지 확인하고 조립합니다. 구멍이 정확히 맞춰졌다면 래치 머리의 위아래 나사를 박아 단단히 고정시킵니다.

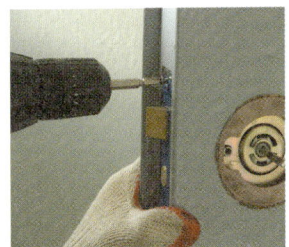

▲ 바깥 손잡이 각축을 구멍에 맞춘다   ▲ 상자의 각축 구멍에 잘 결합한다   ▲ 래치의 면판 고정나사를 끼운다

❾ 이제 안쪽의 부착판에 2개의 나사를 끼우고 철문에 고정하세요. 나머지 안쪽 둥근 좌판과 안쪽, 바깥쪽 손잡이도 함께 조립합니다.

▲ 하얀 부속을 나사에 꽂는다   ▲ 안쪽 부착판을 끼운다   ▲ 안쪽 부착판 몸통 나사 결합

⑩ 문 손잡이가 회전식이므로 꽉 조여주지 않으면 자꾸 풀리게 되는데, 그래서 조일 때도 긴 못이나 드라이버를 비껴대고 망치로 쳐주면 꽉 조여집니다. 그리고 손잡이를 돌려 잘 결합되어 있는지 확인하면 현관정 작업은 일단 마무리가 됩니다.

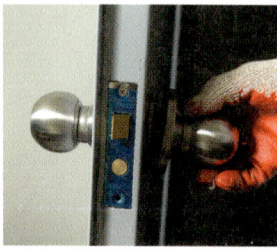

▲ 바깥 손잡이와 함께 안쪽 손잡이를 결합한다

▲ 홈에 송곳이나 못으로 돌려 고정한다

⑪ 문틀의 받이판이나 받이상자에 이상이 없으면 그대로 사용해도 좋습니다. 새로 교체하려면 다음과 같은 방식으로 하시면 됩니다. 문틀 받이판의 나사를 풀고 받이판을 떼어내면 까만 받이상자가 나옵니다. 그것까지 떼어내고 속을 깨끗이 청소해줍니다.

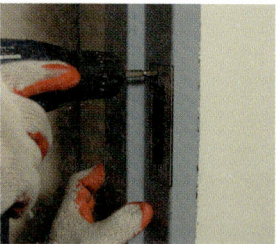

▲ 받이판 나사를 푼다

▲ 받이판을 떼어낸다

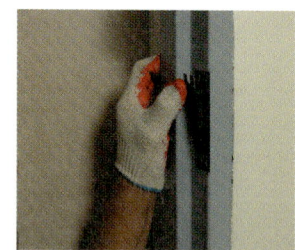

▲ 까만 받이 상자도 떼어낸다

⑫ 받이판과 받이상자를 분해의 역순으로 다시 끼어 넣은 후 차례대로 조립해보세요.

▲ 새 받이판을 고정하고 나사로 조인다

▲ 새 받이판 고정 완료

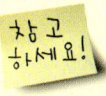 • 레버형 현관정도 방법은 똑같습니다.

❶ 레버형은 원통형에 비해 더욱 쉽습니다. 먼저 분리한 기존의 현관정에 새 레버식 현관정을 끼어 넣고 각각의 나사를 고정합니다.

❷ 나사를 고정한 후 레버를 돌려 잘 고정되었는지, 문이 잘 닫히는지 손잡이를 돌려서 열었다 잠궜다 테스트해 봅니다.

전문가라면 열쇠 없이 3분 안에 현관문을 열 수 있다고 합니다. 그러니 반드시 보조키를 달아야 합니다. 다음에는 전자식 보조키와 기계식 보조키 다는 방법을 배우도록 하겠습니다.

철천지의 30분 집수리

02
안전하고 편리한
디지털 도어록 달기

요즘에 부쩍 늘고 있는 전자식 보조키(디지털 도어록)는 새로 짓는 빌라라면 설치하지 않는 곳이 별로 없습니다. 게다가 TV홈쇼핑에서는 설치까지 서비스하고 있는데, 아직도 가격은 만만치 않습니다. 그러나 제품값만 가지고 설치하는 것이라면 홈쇼핑 가격도 결코 저렴하다고 볼 수는 없습니다..

현관 및
방문 보조키와
디지털 도어록
설치하기

080

- 작업 시간 : 30분
- 난이도 : ★★★☆☆
- 재료비 : 7~20만원
- 절약비용 : 3~5만원
- 준비물 : 드릴, 전자식 보조키 셋, 드라이버 비트 5~6mm
- 핵심 공구 : 드릴

- 작업 순서 ❶ 기존 보조키 분해하기
　　　　　　❷ 새 보조키 조립하기
　　　　　　❸ 여닫이 테스트하기

• 작업 힌트 : 전자식 보조키 설치에서 가장 신경 써야 할 것은 문틀의 받이판과 보조키 몸통에 있는 래치 부분이 서로 부딪히거나 간격이 너무 넓어 잘 닫히지 않는 경우입니다. 이 간격은 2~3mm가 적당하며, 완전히 조립하기 전에 반드시 여닫이를 테스트해 봐야합니다.

기계식 보조키는 가족 수만큼 열쇠를 복사해야 하고, 열쇠를 잃어버렸을 때 열쇠전문 기사를 불러야 하는 단점이 있습니다. 전자식 보조키는 이런 단점들을 한번에 해결할 수 있습니다.

전자식 보조키에는 비밀번호로 문을 여는 번호식이 있고, 번호와 카드-마치 교통카드처럼 - 두 가지 방법을 같이 사용하는 비접촉 전자열쇠식이 있습니다. 번호식은 저렴하지만 집에 어린이가 있으면 비밀번호가 알려지기 쉽고 나이가 지긋하신 어르신들은 번호를 잘 잊거나 번호가 작아서 잘 안보이는 경우가 있으므로 주의해야 합니다.

종종 영화에서 보면 총으로 전자식 보조키를 쏘아 여는 장면을 보곤 하는데 실제론 열리지 않습니다. 보조키의 원리를 알면, 열릴 수 없다는 것을 아시게 되겠죠?

총으로 쏴도 열리지 않는 전자식 보조키는 생각보다 설치가 쉽기 때문에 기존 보조키를 떼고 설치한다면 초보자라도 30분 안에 모두 끝낼 수 있습니다.

💬 작업 단계 : 기존 보조키 해체 ▶ 새 전자식 보조키 조립 ▶ 배터리 삽입 ▶ 비밀번호 입력 ▶ 테스트

① 문에 달린 기존 보조키를 해체하여 떼어 냅니다. 기존에 보조키를 사용하지 않았다면 드릴에 홀소를 끼우고 구멍을 뚫어야 합니다. 여기서는 기존의 것을 해체하는 과정을 중심으로 설명합니다. 참고로 새로 구멍을 뚫어 사용하는 경우에는 철천지 홈페이지(www.77g.com DIY기술지원, DIY 파트 416번 '아파트 현관 보조키 설치방법 완결편(동영상)')를 참조하시기 바랍니다.

② 먼저 기존 보조키 안쪽의 몸통을 차례로 분리합니다. 드릴이나 드라이버로 쉽게 풀 수 있습니다. 분해 순서를 잘 기억해두시면 조립할 때 편리합니다.

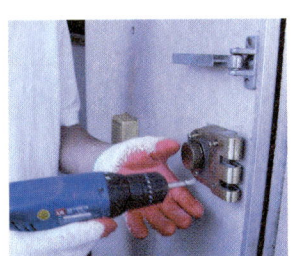

▲ 보조키 몸통을 분리한다

▲ 안쪽 부착판을 분리한다

❸ 안쪽과 바깥쪽 몸통을 모두 분리하였습니다.

▲ 부착판 몸통 나사 분리　　　▲ 모두 분리된 모습

❹ 교체할 전자식 보조키의 외부기기 몸통을 앞문에 끼우고 본체 연결선을 고정 철판과 외부기기 몸통에 연결하세요. 연결할 땐 나사를 일단 느슨하게 연결해둡니다.

▲ 외부 기기의 연결선을 안쪽으로 뺀다

❺ 안쪽에서 몸통의 위치를 정해 표시해 둔 후, 안쪽 부착판을 덮고 외부기기를 고정할 중심 나사를 살짝만 고정합니다.

▲ 외부기기 연결선을 안쪽으로 뺀다　　▲ 안쪽 부착판 구멍으로 연결선을 뺀다　　▲ 부착판의 중심 나사를 살짝 조정한다

❻ 이때, 전자 보조키 안쪽 몸통을 임시로 부착판에 고정한 후 문틀의 받이판 위치에 잘 맞는지 확인해 봐야 합니다. 위치가 서로 맞지 않으면 잠기지 않을 수도 있기 때문입니다. 참고로 전자 보조키 몸통과 문틀 받이판의 간격은 2~3mm 정도의 간격을 두어야 합니다.

 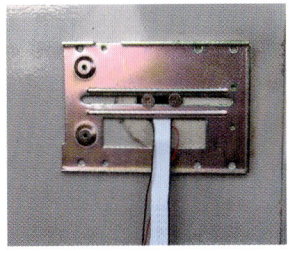 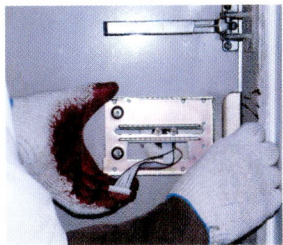

▲ 위치 조정을 위해 망치 등으로 살살 쳐준다   ▲ 몸통 나사를 잠궜다   ▲ 문틀 받이판과 위치를 맞춰본다

❼ 그리고 부착판에 있는 4곳의 모서리 모두 직결 나사로 고정합니다.

▲ 드라이버나 드릴로 고정한다   ▲ 부착판 모서리 나사 고정   ▲ 망치 등으로 삐뚤어진 곳을 고정한다

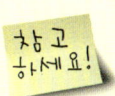

• 철판에 나사못 박을 때는 가급적 직결 나사를 이용하세요.

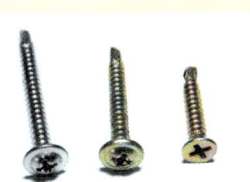

전자식 보조키는 철판을 뚫고 보조키를 고정하도록 직결 나사가 포함되어 있기 때문에 빌려서라도 드릴을 준비하는 것이 좋습니다.

❽ 본체와 본체 연결선을 조립하고 본체를 고정철판에 나사로 연결하세요.

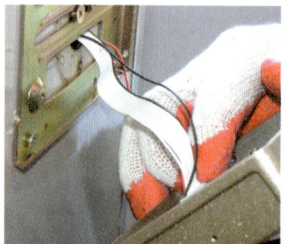

▲ 안쪽에 보조키 본체를 연결선과 연결한다
▲ 본체 몸통을 고정한다

❾ 문틀 받이판을 본체에 맞추어 결합이 제대로 되는지 확인해 보고 받이판을 고정하여 줍니다.

▲ 받이판과 잘 맞는지 테스트 해본다
▲ 문틀에 받이판의 위치를 정확히 표시한다

❿ 받이판의 위치를 정확히 맞추어 나사를 위아래 및 중간 나사까지 모두 고정합니다.

▲ 문틀에 보조키 받이판을 고정 해준다
▲ 문틀에 받이판을 고정하였다

⓫ 이제 베터리 4개를 모두 끼우고, 매뉴얼을 참조하여 임의의 번호를 입력한 후 여닫이 동작을 테스트해보세요. 비밀번호는 가족만 알기 쉽도록 잘 관리하고 누출되지 않도록 해야합니다.

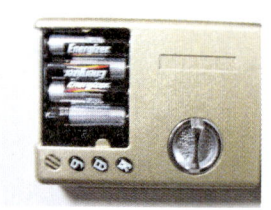

▲ 배터리를 넣고 테스트 해본다
▲ 배터리를 넣고 잠근다

 전자식 보조키는 건전지로 작동하기 때문에 작동부분에 접촉을 하면 건전지 수명도 짧아지고 모터에 무리를 주기도 합니다. 작동부분에 접촉하지 않도록 주의하세요. 받이판과 래치의 간격은 2~3mm 정도 두어야 합니다.

비밀번호를 꼭 기억해두고 테스트 하세요. 기계식 보조키와 마찬가지로 문을 열어놓고 동작을 해보거나 한 사람은 집 안에서 대기한 채로 테스트를 하시는 것이 좋습니다.

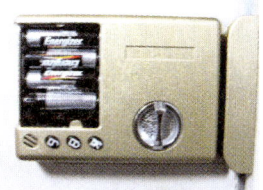

⑫ 전자식 보조키 조립이 모두 완성되었습니다.

▲ 전자 보조키 설치의 완료

▲ 설치가 끝난 모습

새로 입력한 비밀번호대로 잘 열리고 닫히는지 충분히 점검해 봅니다. 전자 보조키 설명서에는 배터리 수명이 다했을 경우나, 비밀번호를 교환할때 알아두어야 할 점을 자세히 설명하고 있으므로 사용설명서는 버리지 마시고 잘 보관해 두시기 바랍니다.

▲ 여러 가지 전자식 보조키들

철헌지의 30분집수리

저렴하고 튼튼한 기계식 보조키 달기

전자식 보조키가 센서에 의해 작동한다면 기계식 보조키는 정교한 키에 의해 작동합니다. 다른 보조키에 비해 아무래도 키가 섬세하겠죠. 기계식 보조키는 웬만한 빌라나 아파트의 현관문에는 필수적으로 달려있습니다. 오래되었거나 망가진 것이라면 이 기회에 한번 교체해 보세요.

- 작업 시간 : 20분
- 난이도 : ★★☆☆☆
- 재료비 : 1~2만 5천원
- 절약비용 : 2만원
- 준비물 : 기계식 보조키 셋, 전동드릴, 펜치(와이어 커터), 드라이버 비트 6mm, 접시머리 직결 나사(#8×16), 둥근머리 직결 나사(#8×38)
- 핵심 공구 : 드릴
- 작업 순서
  ❶ 기존 보조키 분해하기
  ❷ 중심키 삽입하고 절단하기
  ❸ 몸통 조립하기
  ❹ 여닫이 테스트하기

- 작업 힌트 : 기계식 보조키 설치에 있어 중요한 것은 중심키를 몸통에 삽입한 후 키심을 1cm 정도만 놔두고 와이어커터로 절단하는 일입니다. 또한 몸통의 중심 위치를 잡아 받이판과 구멍이 잘 맞는지 여닫이 테스트를 해보는 일입니다.

기계식 보조키 또한 전자식 보조키와 거의 비슷한 방법으로 설치할 수 있습니다. 기계식은 전자식에 비해 저렴하며, 버튼이나 센서대신 정교한 키를 이용해서 잠금장치를 할 수 있는 일반적인 보조키입니다.

전자식보다 저렴하며, 아직도 많은 가정에서 사용하고 있는 대표적인 보조키입니다. 앞의 전자식 보조키를 갈 정도의 실력이라면, 기계식 보조키는 아무런 문제없이 손쉽게 설치할 수 있습니다. 분리만 잘하면 조립은 거의 같은 방법으로 진행하면 충분합니다.

💡 작업 단계 : 기존 제품 철거 ▶ 키심 삽입 ▶ 몸통 고정 ▶ 걸림쇠 고정 ▶ 여닫이 테스트

① 기존의 보조키를 분리합니다. 방법은 전자식 보조키나 일반 현관정 교체와 동일합니다. 해체 사진은 전자식 보조키에서 다루었으므로 그 부분을 참고하시기 바랍니다.

▲ 시공 전 모습

② 해체한 기존 보조키 현관 앞면 구멍에 키심을 정면의 상표가 보이도록 반듯하게 끼워 넣습니다

▲ 기존 보조키의 해체　　　　▲ 새 보조키심의 정면　　　　▲ 반듯하게 삽입한다

참고하세요!

기계식 보조키의 키심은 회사마다 모양이 다릅니다. 새 보조키로 교환할 때 기존의 구멍과 맞는지도 살펴야 합니다. 구멍의 지름이 맞지 않는 경우도 많습니다. 또한 보조키의 키심이 고장 났을 때에는 전체를 교환하지 않고 보조키의 키심만 교환할 수도 있습니다. 키심의 종류는 아래 그림처럼 두 가지가 있습니다.

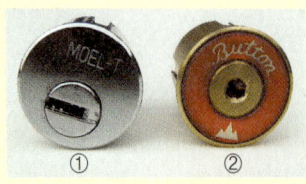

① 편심키 : 열쇠 구멍이 한쪽에 치우쳐 있다.
② 중심키 : 열쇠 구멍이 중심에 있다.

서로간의 중심위치 차이가 1cm 정도이므로 편심키를 중심키로 교체하면 몸통이 1cm 가량 위로 이동하기 때문에 직결 나사를 이용하여 몸통을 새로 고정해야합니다. ①의 편심키는 요즘에는 거의 사용하지 않으니 참고하시기 바랍니다. 주로 오래된 아파트에 사용했던 제품이므로 가급적 중심키를 사용하시기 바랍니다.

❸ 안쪽에 부착판을 갖다대고 중앙 구멍으로 바깥쪽에서 삽입한 키심을 뺀 후 나사 2개를 살짝 조여줍니다. 이때 길게 나온 철심은 1cm 가량 남겨두고 펜치나 와이어커터로 잘라주어야 합니다.

▲ 바깥쪽에서 키심을 삽입한다

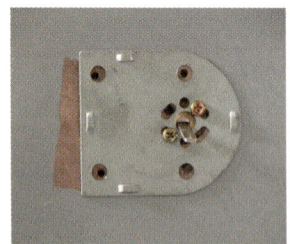
▲ 중심 나사를 살짝 조인다

▲ 1cm 정도를 제외하고 잘라준다

❹ 부착판 가운데에 나사를 완전히 고정한 후 안쪽에 보조키 안쪽 몸통을 덮고 나사로 고정합니다. 참고로 몸통을 고정하기 전에 문을 닫아 몸통과 문틀의 받이판이 잘 맞는지를 점검하고, 잘 맞지 않으면 몸통을 망치 등으로 살짝 쳐주면서 이동시킵니다.

▲ 중심 나사를 꽉 조인다

▲ 안쪽 몸통을 덮는다

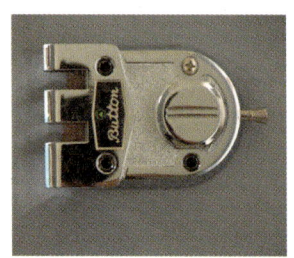
▲ 위치를 잡고 나사로 살짝 고정

❺ 보조키 안쪽 몸통을 문틀 받이판에 맞춰본 후 문틀 받이판을 완전히 조립합니다.

▲ 받이판과 잘 맞는지 꼭 확인한다

▲ 문틀 받이판을 고정한다

▲ 새 받이판 고정

❻ 걸림쇠 고정 작업이 끝났으면 문을 여닫아 잘 잠궈지는지 테스트합니다.

▲ 시공 후 안쪽 모습

▲ 시공 후 바깥쪽 모습

예쁘고 깜찍한
방문 손잡이 교체하기

덜컹거리는 방문 손잡이를 본 적은 없나요? 시중에서 구매할 땐 방문용 실린더 혹은 도어락이라고도 합니다. 이 방문 손잡이는 잠금 기능을 위해서 설치하는 것도 있지만, 집안 분위기를 고려해서 선택하는 경우도 많습니다. 이번에는 방문 손잡이를 교체해 보겠습니다.

- 작업 시간 : 15분
- 난이도 : ★★☆☆☆
- 재료비 : 5천원~3만원
- 절약비용 : 2만원
- 준비물 : 방문 실린더 셋, 드릴, 못, 드라이버
- 핵심 공구 : 드릴

- 작업 순서
  ① 기존 방문 손잡이 분해하기
  ② 새 몸통 삽입하기
  ③ 여닫이 테스트하기

- **작업 힌트** : 쉽다고 혼자서 문을 닫고 설치하지는 마세요. 잘못하면 갇힐 수가 있습니다. 항상 문을 열어놓은 채로 작업을 하시고, 만약에 닫혔을 경우에는 드라이버로 몸통 속 런너 부분을 밀치면 쉽게 열 수 있습니다. 방문 손잡이는 런너와 래치부분을 잘 맞춰주는 것이 중요합니다.

집안의 방문에는 동그랗게 생긴 손잡이 겸 자물쇠가 달려있는데 이것을 전문용어로 하면 '방문용 실린더'라고 합니다. 모양은 아파트 현관문에 달린 현관정과 비슷하지만 기능은 다소 차이가 있습니다.

조립이나 분해 방법은 아파트 현관정과 별반 다를 것이 없습니다. 하지만 새로 설치할 때는 56mm와 23mm 홀소(Hole Saw)를 드릴에 끼워서 구멍을 뚫어 주어야 합니다.

▲ 56mm 홀소와 23mm 홀소

대부분 방문 손잡이는 설치가 되어 있기 때문에 여기서는 기존 문에 있는 제품을 교환하는 법만 알려드리겠습니다.

실린더의 모양을 살펴볼까요? 방문용 실린더는 원통형과 레버형, 2가지가 있습니다.

원통형은 쉽게 볼 수 있는 동그란 공모양의 손잡이형이고, 레버형은 어린이나 장애인이 쉽게 열 수 있는 장점이 있습니다.

▲ 원통형 실린더

▲ 레버형 실린더

방문용 실린더를 기능적으로 분류하자면 세 가지가 있습니다.

첫 번째, 일반형은 말 그대로 일반적으로 많이 사용하는 방문용 손잡이입니다. 안에서 잠그고 바깥에서 열쇠로 잠그거나 열 수 있죠. 두 번째, 호텔형은 문을 닫으면 자동으로 문이 잠겨서 안에서만 열 수 있습니다. 바깥에서 열려면 열쇠가 있어야만 합니다. 모텔이나 창고 등에서 많이 사용합니다. 세 번째, 화장실형은 열쇠가 따로 없는 실린더입니다. 바깥에서 열려면 동전이나 육각렌치 같은 것으로 열 수 있습니다. 간혹 화장실 문이 잠겨 열쇠를 찾느라 난리가(?) 날 때가 있는데 이럴 땐 열쇠를 찾지 말고 가운데 홈에 동전을 끼워 돌려주면 딸깍 소리가 나면서 문이 열린답니다.

방문 손잡이

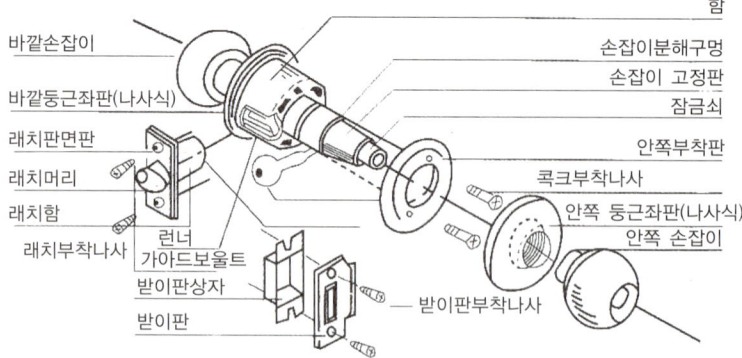

> 작업 단계 : 기존 제품의 제거 ▶ 몸통 삽입 ▶ 손잡이 고정 ▶ 문틀 받이판 교체

1 안쪽 손잡이(문을 잠그는 쪽)를 자세히 보면 작은 홈이 있습니다. 홈을 못이나 뾰족한 송곳으로 누른 상태에서 안쪽 손잡이를 잡아당기면 손잡이가 쉽게 분리됩니다.

▲ 뾰족한 송곳으로 홈을 눌러준다

▲ 잡아 당기면 안쪽 손잡이가 분리된다

2 손잡이 분리가 끝나면 다음과 같은 순서의 그림처럼 하나씩 분해합니다. 방문 손잡이를 뺀 후 둥근 좌판을 반시계 방향으로 힘 있게 돌려줍니다. 그리고 안쪽 둥근 좌판을 제거합니다. 안쪽 부착판의 나사를 풀어 안쪽 부착판도 함께 뺍니다.

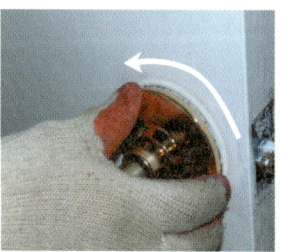
▲ 둥근 좌판을 푼다

▲ 둥근 좌판을 분리한다

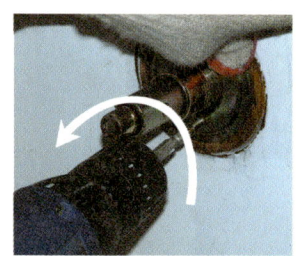
▲ 안쪽 부착판 나사를 푼다

❸ 안쪽 부분을 모두 제거한 후 바깥 손잡이를 잡아당깁니다. 바깥 손잡이를 빼면 잠그는 기능을 하는 래치와 래치판만 남습니다. 이 래치도 분해합니다.

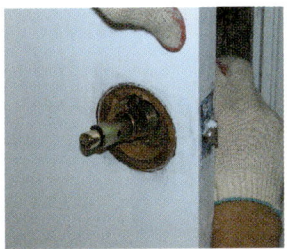
▲ 바깥 손잡이 분해

▲ 래치와 래치판만 남는다

▲ 이 래치도 분해한다

❹ 교체할 방문 손잡이 역시 같은 부품을 분해의 역순으로 조립하면 됩니다. 반드시 유의할 점은 몸통의 런너와 래치가 맞게 틀어지지 않도록 잘 맞물려야 합니다. 또한 방문 손잡이를 조립할 때에는 방 안에서 문을 닫아놓고 작업하지 마시고, 약간 열어 둔 상태에서 조립하시는 것이 좋습니다.

① 바깥 손잡이를 밖에서 밀어 넣고 안에서 몸통의 런너와 래치가 잘 맞물리도록 조절합니다.

② 안쪽 부착판을 시계방향으로 돌려 조여 준 후 몸통에 정확히 맞춥니다.

▲ 런너와 래치가 맞아야 한다

▲ 안쪽 부착판을 맞춘다

❺ 안쪽 부착판을 맞추고 나사를 시계 방향으로 돌려 완전히 조여준 뒤 바깥 둥근 좌판을 삽입 고정합니다.

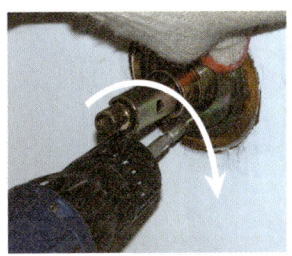
▲ 안쪽 부착판 나사 고정

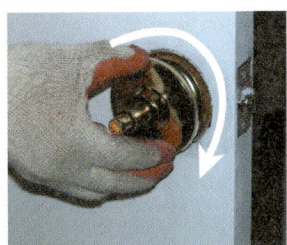
▲ 바깥 둥근 좌판 고정

6 둥근 좌판을 헐렁하지 않게 완전히 조여 주었습니다. 그리고 안쪽 손잡이를 넣어 돌려줍니다. 안쪽과 바깥쪽 손잡이를 잡고 테스트를 해봅니다. 문은 반드시 조금 열어두고 작업하시기 바랍니다.

▲ 둥근 좌판을 고정하였다

▲ 손잡이를 삽입 고정한다

방문 손잡이를 조립한 후에는 반드시 안에 한 사람, 밖에 한 사람씩 테스트를 하는 것이 좋습니다. 간혹 방 안에서 문을 닫고 혼자 작업하다가 잘못하여 갇히는 경우가 발생합니다. 이때 몸통 속 런너 부분을 드라이버로 살짝 밀쳐서 당겨주면 바로 열 수 있습니다.

7 문꼬리 받이판을 분해 후 조립하는 과정입니다. 드릴이나 드라이버로 손쉽게 분해할 수 있습니다. 받이판 안의 검은 색의 받이판 상자까지 깔끔하게 교환한 후 나사로 꽉 조여 줍니다.

▲ 받이판 고정나사 분해

▲ 새 받이판 고정

▲ 교체한 새 받이판

8 방문 손잡를 손쉽게 교체하였습니다. 바깥 손잡이에 예쁜 천이나 덮개로 감싸주면 훨씬 보기 좋은 방문 손잡이를 연출할 수 있습니다.

▲ 새로 교체한 방문 손잡이

Tip

치구를 이용한 방문짝 키 박스 구멍뚫기

아무것도 뚫려 있지 않은 방 문짝 키 박스 구멍은 어떻게 구멍을 뚫을까? 아래와 같은 가공전용 치구가 그 역할을 합니다. 방 문짝에 구멍을 뚫으려면 먼저 이 치구를 문에 고정을 해야 합니다.

그리고 드릴에 구멍을 뚫어줄 공구인 홀소(hole saw)를 장착하여 문짝에 고정한 치구에 맞춰 구멍을 뚫어주면 깔끔하게 구멍이 만들어집니다.

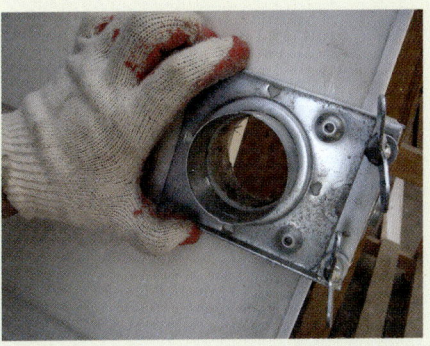

욕실 선반 만들기와
간단한 전기용품 손보기

01 지저분한 욕실 타일, 새 타일처럼 청소하기
02 욕실 세면대 위에 유리 선반 만들기
03 특수 앙카를 이용한 요술 선반
04 낡은 형광등 통째로 교환하기
05 접촉 불량 전원 스위치 교체하기
06 안전한 접지 콘센트로 교체하기

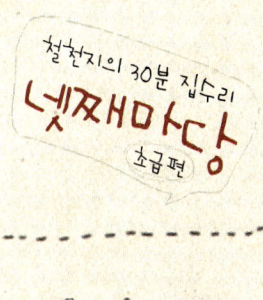

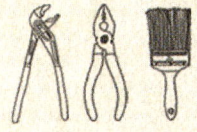

욕실은 자잘한 목욕용품과 세안용품들이 놓이는 곳인만큼 정리가 제대로 되지 않으면 용품들이 여기저기 산만하게 널부러져 엉망이 되기도 합니다. 그리고 집안에서 습기가 가장 많이 차는 곳이라 타일 청소를 방치해두면 타일 사이로 곰팡이가 찌든 때가 쌓이기도 합니다.

습기가 많은 욕실의 타일을 올바르게 청소하고, 새 타일처럼 쓸 수 있는 청소법과 작은 욕실 공간에 적당한 용품들을 가지런히 올려놓고 사용할 수 있는 선반을 만들어 보겠습니다.

또한 집안에서 간단히 처리할 수 있는 전기 콘센트, 스위치 등과 낡은 형광등도 통째로 갈아보는 법을 배워보도록 하겠습니다.

철천지의 30분집수리

지저분한 욕실 타일, 새 타일처럼 청소하기

욕실을 아무리 깨끗이 쓴다해도 타일의 줄눈은 시간이 갈수록 때가 낀다는 것을 안 순간!
솔로 박박 닦아도 어느새 때가 또 끼어있고 쉬 지저분해지는 곳이 타일의 줄눈입니다.
단순하게 생각하여 타일을 교체 시공하면 그만이지만, 그것은 비용면에서나 효율적인 생활적인 면에서 귀찮이즘적인 사고일 뿐이죠. 그렇다면 지저분하게 방치해둔 욕실 타일의 줄눈을 깨끗하고 새집처럼 폼나게 리폼시킬 수 있는 효과적인 방법을 찾아보겠습니다.

욕실 선반
만들기와 간단한
전기용품 손보기

098

- 작업 시간 : 약 2시간~4시간
- 난이도 : ★★★☆☆
- 재료비 : 1만원
- 절약비용 : 3만원
- 준비물 : 타일 줄눈 보수제, 솔, 스펀지, 수세미, 고무헤라, 투명방수제
- 핵심 공구 : 고무헤라
- 작업 순서
  ① 얼룩진 타일 닦아내기
  ② 건조 후 줄눈 시공하기
  ③ 보수제로 닦아내기
  ④ 방수액 코팅하기

• 작업 힌트 : 타일 청소의 핵심은 줄눈 시공입니다. 고무헤라를 이용하여 보수제를 잘 발라주고, 충분히 건조시킨 후에는 수세미를 이용하여 타일에 묻어 있는 잔존물을 깨끗하게 닦아주어야 합니다. 완전 건조 후에는 줄눈에 붓으로 투명방수제를 칠해주면 타일 줄눈에 생기는 곰팡이를 방지할 수 있습니다.

🗨 작업 단계 : 간단한 타일 청소 ▶ 타일의 줄눈 시공 작업 ▶ 완전 건조 후 투명방수액 코팅하기

❶ 욕실만 들어가면 지저분한 타일 줄눈을 그저 방치만해 둘 것인가! 특히 모서리 부분은 더욱 심하게 묻어있는 것을 쉽게 볼 수 있습니다. 입주한지 오래된 집의 욕실이라면 이런 현상은 흔하게 볼 수 있지만 이사 가려는 집에도 이러한 현상이 거의 나타나 있으므로 입주하게 전에 보수제 등으로 말끔히 청소해 두면 새 집 같은 느낌을 얻을 수 있습니다.

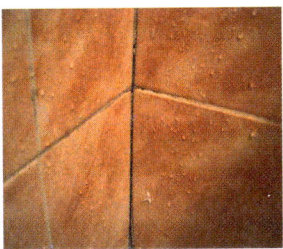 

❷ 얼룩진 타일의 때들을 어느 정도 청소를 해줍니다. 바로 줄눈 보수제를 써도 되지만, 이왕이면 타일을 깨끗이 해주고 나서 발라주는 것이 더 좋습니다. 우선 미백 효과에 좋은 베이킹파우더-중조를 이용하여 타일을 닦아주고, 더러워진 부분에 중조를 솔솔 뿌려 솔이나 수세미로 박박 닦아 주세요.

Tip

다른 방법 하나로 때가 낀 곳에 락스(ex. 유한락스)를 뿌리고 휴지를 세로로 길게 돌돌말아 때가 낀 곳에 두고 휴지가 마를 때쯤 떼어내어 뜨거운 물로 헹거주면 반짝! 반짝!

❸ 보수제를 쓰기 전까지 닦고 난 모습입니다. 이 정도만 닦아도 한결 낫죠. 하지만, 줄눈부분과 모서리 부분은 여전히 묵은 때가 가시지 않고 남아있음을 알 수 있어요. 물론 닦기도 쉽지 않습니다만 어느 정도 청소를 해주었으면 물기를 충분히 닦아내고 건조시켜 주세요.

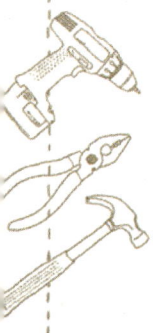

④ 충분히 건조가 되었다면 본격적인 줄눈 시공을 시작합니다. 먼저 사출꼭지를 자르고 일정한 속도로 줄눈 부위에 충진을 시키세요. 처음 작업하는 분이라면 모양새 안나게 발라질 수도 있을 것이구요. 하지만, 크게 신경 쓸 필요는 없습니다. 우선 바를 때는 모서리 부분부터 그리고 세로 줄눈 작업 후에 가로방향으로 발라주면 됩니다.

⑤ 그리고 나서 고무헤라를 이용해 최대한 수직으로 긁어내고 교차부분은 대각으로 긁어주세요.

모서리 부분은 헤라를 이용하기가 어렵습니다. 그럴 땐 비교적 접근이 용이한 손가락을 이용하여 스~윽 긁어주세요. 이때 최대한 타일에 묻어있는 보수제를 깨끗이 긁어주어야 합니다.

⑥ 다 긁어주었다면 하절기는 보통 2~3시간, 동절기에는 보통 3~4시간 후, 수세미에 물을 묻혀 타일에 묻어있는 보수제를 닦아주세요. 닦다가 잘 안 닦이면 다시 수세미에 물을 묻혀 재차 닦아주면 됩니다.

❼ 약 30분 후 마른 스펀지를 이용하여 타일에 묻어 있는 잔존물들을 마저 깨끗이 닦아냅니다.

❽ 이제 욕실 타일의 지저분한 줄눈을 깨끗하게 닦아준 모습입니다.

한결 깨끗한 느낌이 들고, 마치 새 집 같은 화사한 느낌이 들죠? 참고로 줄눈 시공 후, 하루 정도는 물과의 접촉을 피하는 것이 좋습니다. 그리고 여기서 완전히 건조시킨 다음 투명방수제를 줄눈에 붓으로 발라주시면 거의 반영구적으로 곰팡이가 끼는 것을 방지할 수 있습니다.

욕실 세면대 위에 유리 선반 만들기

세수할 때 안경이나 렌즈, 혹은 시계나 반지 등을 마땅히 놓아둘 곳이 없어 불편한 적은 없었나요? 세면대 위에 작은 다용도 유리 선반으로 이런 불편함을 해결해 보세요.

- 작업 시간 : 20분
- 난이도 : ★★☆☆☆
- 재료비 : 1만원
- 절약비용 : 3만원
- 준비물 : 유리 선반, 브라켓, 드릴, 플라스틱 앙카 6.5mm, 나사못, 콘크리트용 드릴 비트 6.5mm, 드라이버
- 핵심 공구 : 드릴
- 작업 순서
  1. 타일 수평재기
  2. 벽면에 6.5mm 구멍 뚫기
  3. 브라켓 고정하기
  4. 유리 선반 고정하기

• **작업 힌트** : 타일 위에 구멍을 뚫어야 하는 일이므로 전동 드릴이 필수품입니다. 특히 타일은 쉽게 깨질 수 있으므로 타일 이음새 쪽은 피해 구멍을 뚫는 것이 좋습니다. 또한 속이 빈 공간이므로 플라스틱 앙카를 사용하면 쉽게 브라켓을 박을 수 있습니다.

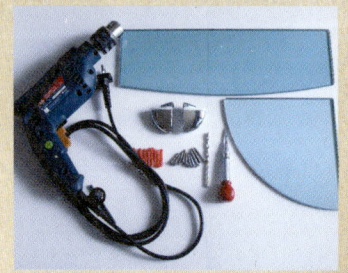

욕실 세면대에서 세수를 하다보면 비누나 샴푸 등을 올려놓고 쓰기에는 공간이 그리 넉넉하지 않습니다. 그래서 별도로 부착식 비누통을 구입해서 쓰기는 하지만, 오래 붙어있지 않고 자주 떨어지는 것을 본 적이 있을 겁니다.

또한 안경을 쓴 분들이나 렌즈를 착용한 분들은 세면시 마땅히 올려놓을 공간이 없어 아무데나 놔뒀다가 잃어버리는 일도 가끔씩 있습니다. 더군다나 유리만큼 욕실에 잘 어울리는 제품도 없습니다. 물에도 강한 재질이라서 벽면 한 켠이나, 세면대 위에 작은 선반으로 고정 해두면 여러 모로 편리합니다.

작업 단계 : 벽면에 6.5mm 구멍 뚫기 ▶ 브라켓 고정 ▶ 유리 끼우기

1 설치할 위치를 정해 수평점을 찾아 벽면에 표시하고 드릴을 이용하여 6.5mm 크기의 구멍을 뚫으세요.

▲ 수평계로 수평 잡기

▲ 표시한 위치 잡기

▲ 드릴로 6.5mm 구멍을 뚫는다

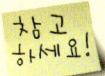

▶ 드릴을 이용하여 벽에 구멍을 뚫을 때는 수도가 있는 위치와 전기선이 있는 열십자 방향은 비켜서 구멍을 뚫어 주어야 벽면에 내장된 배관이나, 전기선을 파손하지 않을 수 있습니다. 자칫 벽에 있는 배관에 구멍을 내게 되면 벽면을 모두 파고 메워야 하는 대공사가 됩니다.

▶ 드릴로 구멍을 뚫기 전에 테이프를 붙이고 시작하면 우선 드릴 비트가 타일 표면에서 덜 미끄러지구요, 그리고 처음에 드릴 작업시 타일 주변부가 쪼개져 떨어지는 것을 어느 정도 방지할 수 있습니다.

❷ 뚫은 구멍에 플라스틱 앙카를 끼우고 망치로 살살 밀어넣습니다. 그리고 브라켓을 연 다음, 나사못을 돌려서 브라켓을 타일 벽면에 고정시키세요.

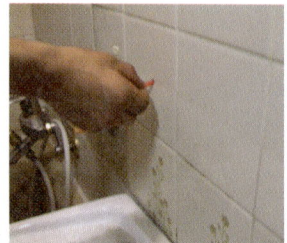
▲ 플라스틱 앙카 삽입

▲ 브라켓을 대고 앙카에 나사 고정

▲ 브라켓을 타일 위에 고정

❸ 양쪽 타일 위에 브라켓을 모두 고정합니다. 고정한 브라켓에 유리 선반을 끼운 후에 브라켓 하단의 구멍에 드라이버를 넣어 브라켓과 유리를 단단하게 조여주어야 합니다.

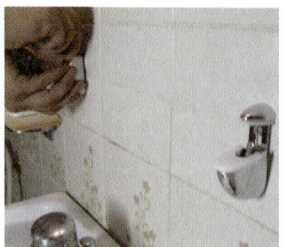
양쪽에 모두 설치한다

타일에 고정된 브라켓

유리를 브라켓에 끼운다

④ 욕실 세면대 위에 투명한 다용도 유리 선반을 만들어 보았습니다.

욕실 세면기 위에 깔끔한 유리 선반 완성

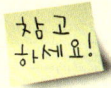

▶ 유리가 위아래로 조금씩 흔들거릴 경우 너무 꽉 조이면 유리가 깨질 수도 있습니다. 브라켓이 부러질 수도 있구요. 그럴 때는 유리와 브라켓 사이에 고무밴드 조각을 잘라 넣고 조이면 안전하게 고정됩니다.

▶ 유리에도 여러 종류가 있습니다. 단단하게 열로 강화 처리를 한 강화 유리가 있는데, 일반 유리를 가공한 후 열처리를 합니다. 열처리를 한 후에는 유리를 자르거나 갈거나 할 수가 없습니다.

철천지의 30분집수리

특수 앙카를 이용한 요술 선반

특수한 앙카를 이용하여 아이디어를 발휘한 재미있는 선반 만들기 작업입니다. 가정은 물론, 카페나 레스토랑에서도 장식물을 올려놓는 등 인테리어에 많이 사용되는 독특한 선반입니다. 이번에는 감쪽같이 만들어진 심플한 선반을 만들어보겠습니다.

- 작업 시간 : 20분
- 난이도 : ★★☆☆☆
- 재료비 : 1~2만원
- 절약비용 : 3~4만원
- 준비물 : 1/4인치 앙카, 선반재료 25mm, 9.5mm 콘크리트 날, 첼라, 전동드릴, 수평계
- 핵심 공구 : 드릴

- 작업 순서
  ① 수평잡기
  ② 벽면에 구멍 뚫기
  ③ 선반 끼우기

욕실 선반 만들기와 간단한 전기용품 손보기

106

- 작업 힌트 : 이 작업에서 주목해야 할 것은 미리 만들어줘야 할 선반에 있습니다. 선반에 미리 구멍을 뚫어 앙카에 선반이 정확히 고정되도록 해야합니다.

이 선반을 만들기 위해서는 세트 앙카라는 부속과 원리를 알아두는 것이 좋습니다. 세트 앙카는 높은 하중을 견딜 수 있는 특수 앙카의 일종으로 원리는 콘크리트 벽을 압착하여 중량물을 고정할 수 있게 하는 원리입니다.

관련 앙카의 종류로 여러 가지가 있는데, 세트 앙카(사진), 프레임 앙카(사진), 스트롱 앙카(사진) 등이 그것입니다. 이런 앙카들은 대부분 10mm 이상의 구멍을 콘크리트 벽에 뚫어야 하므로 일반 가정용 진동드릴보다는 전문가용 해머드릴을 사용하는 것이 좋습니다.

  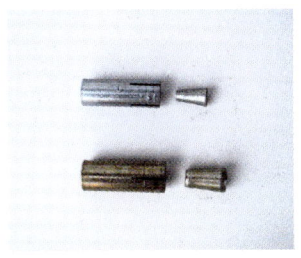

▲ 세트 앙카　　　　　▲ 프레임 앙카　　　　　▲ 스트롱 앙카

앙카의 두께는 인치로 표시하며, 주로 사용되는 크기는 1/4인치(적용 드릴날 9.5mm), 5/16인치(적용 드릴날 12mm), 3/8인치(적용 드릴날 14mm)가 있고, 이 외의 것은 크기나 길이가 더 큰 것으로 주로 건설 및 산업용으로 사용합니다.

이런 류의 앙카를 고정하면, 정상적인 콘크리트 상태에서 1/4인치는 약 700kg, 5/16인치는 약 1.5톤, 3/8인치는 약 2톤의 하중을 견딜 수 있습니다. 이런 앙카에 아이너트(사진 참조)를 끼우면 앙카 하나로 쌀가마도 천장에 매달 수 있습니다. 이번에는 이 특별한 앙카를 사용하여 어느 공간이든 잘 어울리는 선반을 달아보겠습니다. 높은 하중을 요구하는 용도의 선반이라도 아무런 걱정 없이 심플하게 사용할 수 있습니다. 별도의 브라켓이 필요하지 않고 어떻게 붙였을까 궁금해하는 분들이 많이 요술 선반이라는 애칭을 붙여봤습니다.

▲ 아이너트

🗨 작업 단계 : 벽면에 수평재기 ▶ 표시한 곳에 구멍 뚫기 ▶ 앙카 삽입하기 ▶ 선반 끼우기

❶ 달고자 하는 벽면에 앙카를 고정할 위치를 수평에 맞춰 양쪽에 연필로 표시합니다. 그리고 표시한 두 곳의 위치에 드릴로 구멍을 뚫습니다.

▲ 고정할 위치의 수평잡기

▲ 양쪽에 표시하기

▲ 드릴로 구멍 뚫기

❷ 드릴로 뚫은 벽면 구멍에 세트 앙카를 삽입합니다. 그리고 앙카에 붙어있는 선반지지대용 봉을 첼라로 강하게 돌려줍니다.

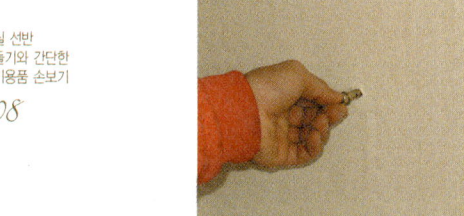
▲ 구멍에 앙카 삽입

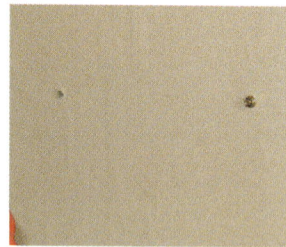
▲ 양쪽 모두 삽입한다

▲ 선반지지대 봉을 회전

❸ 앙카가 벽면과 강하게 압착되어 고정되었다면, 선반을 지지대에 끼워줄 차례입니다. 참고로 선반에 미리 구멍을 뚫었기 때문에 지지대에 그냥 삽입만 해주면 됩니다.

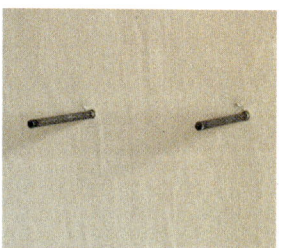
▲ 양쪽 모두 고정

▲ 선반을 삽입

▲ 선반 고정 완료

④ 여러 가지 선반을 만들어 용도에 맞게 사용하면 감쪽같이 벽에 붙어 있는 것처럼 단아한 선반을 달 수 있습니다.

창고하세요!

이 특수 앙카는 앞서 설명하였듯이 하중이 있는 물건을 올려놓아도 전혀 문제될 것이 없습니다. 가정에서 사용할 용도라면 세트 앙카 1/4인치나 5/16인치면 700kg 이상의 하중도 거뜬하게 견딜 수 있습니다.

다음 사진은 요술선반을 설치한 후 하중이 높은 물건을 올려놓은 예입니다. 브라켓이 없이 거뜬하게 올려진 모습입니다.

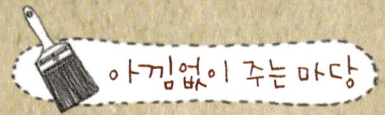 아낌없이 주는 마당

집에서 할 수 있는 간단한 전기 활용

1. 가정용 전기! 요것만 알아두기

전기를 알고 작업하는 것과 모르고 작업하는 것은 큰 차이가 있습니다. 전기에 대해 제대로 이해하지 않고 작업을 할 때에는 많은 위험이 따르지만, 전기를 잘 알고 작업을 하면 훨씬 안전하고 편리하게 작업할 수 있습니다. 중고등학교 기술시간이나 공업 혹은 실과 시간에 모두 배운 내용이지만, 이제는 많이 잊혀진 학습들이죠. 아직도 옛날 책을 가지고 계신 분이라면 다시 한번 꺼내보시기 바랍니다. 이미 이러한 상식적인 것들은 예전에 모두 배웠던 내용이랍니다.

이번 장은 가정에서도 간단히 할 정도의 전기 작업에 대한 부분만을 소개할까 합니다. 너무 위험한 작업은 전문가가 해야 하지만, 간단한 교체 작업 정도는 큰 비용을 들이지 않고 손쉽게 처리할 수 있습니다. 일단 몇 가지 전기에 대한 지식을 배우고 실무에 들어가도록 하겠습니다.

■ 전선 알아보기

전선에는 크게 선이 한 가닥 있는 단선과 두 가닥 이상의 복선이 있습니다.

단선은 주로 벽 속 매입용으로 사용하며, 좁은 관을 비집고 들어가 설치되기 때문에 다소 뻣뻣한 경향이 있습니다. 복선은 얇은 선들이 여러 가닥 나뉘어 있어 잘 휘어 집니다. 노출형 콘센트를 달거나, 전기등 기구의 내부 배선으로 많이 사용합니다.

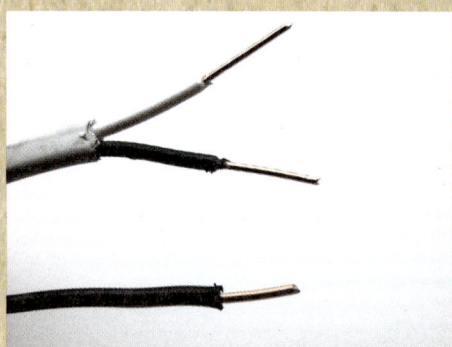
▲ 벽속 매입용의 단선

▲ 콘센트, 전기구 내부 배선의 복선

■ 주요 전기용품 바로알기

보통 가정 내의 전기선으로 사용하는 전선의 두께는 1.6mm 혹은 2.0mm 정도를 사용하며, 가전기기가 많은 요즘은 대부분 2.0mm 정도를 사용합니다. 참고로 전선은 두꺼울수록 많은 양의 전기를 공급 받을 수 있습니다.

- 전선을 자세히 보면 표시가 있어요

1.25mm2 / 2C : 동선 단면적이 1.25mm이고, 내부의 전선이 두 가닥임을 의미합니다.
1.6mm / 2C : 동선 단면적이 1.6mm이고, 내부의 전선이 두 가닥임을 의미합니다.
C는 Core를 뜻합니다.

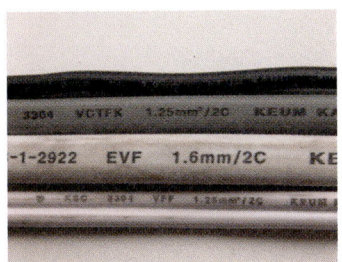

■ 600(V) 비닐 절연 전선의 및 기구용 비닐 코드의 허용 전류

600(V)비닐 절연 전선(도체가 구리선인 것)					기구용 비닐 코드 (도체가 구리선인 것)		
단선		연선					
지름(mm)	허용 전류(A)	공칭 단면적 (mm²)	소선 수/지름 (mm)	허용 전류(A)	공칭 단면적 (mm²)	소선 수/지름 (mm)	허용 전류(A)
1.0	16	0.9	7/4	17			
1.2	19	1.25	7/0.45	19			
1.6	27	2	7/0.6	27	0.75	30/0.18	7
2.0	35	3.5	7/0.8	37	1.25	50/0.18	12
2.6	48	5.5	7/1.0	49	2.0	37/0.26	17
3.2	62	8	7/1.2	61	3.5	45/0.32	23
4.0	81	14	7/1.6	88	5.5	70/0.32	35
5.0	107	22	7/2.	105			

전기를 설치하거나 전기와 관련된 작업을 할 때에는 집안의 전기 배선이 어떻게 구성되어 있는지 파악해야 합니다. 아파트나 빌라의 경우에는 보통 현관 신발장 뒤쪽이나 입구 쪽에 분전함이라 하여 작은 함이 벽면에 설치되어 있습니다.

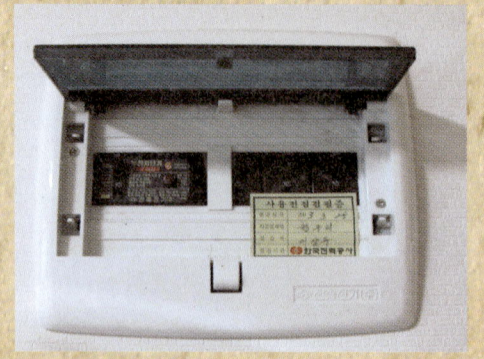

▲ 가정용 분전함

이 함 속의 장치들은 크게 누전 차단기와 조명1, 조명2, 콘센트 (일반), 콘센트(에어컨, 세탁기..) 등으로 각각의 회로를 구성 합니다. 누전 차단기는 용량 이상의 전기를 사용하여 과부하가 될 때, 또 전기가 쓸데없이 벽 면으로 흘러 들어가거나 하는 경우에 자동적으로 전기를 차단하는 역할을 합니다. 반면 일반 차단기는 용량 이상의 전기를 사용할 때에만 자동적으로 전기를 차단하는 스위치 기능이 있습니다. 가급적 누전 차단기를 사용하는 것이 좋지만, 누전 차단기는 일반 차단기에 비해 4배정도 비싸므로 주 전원 하나만 누전 차단기를 사용하고 나머지는 일반 차단기를 사용하는 편입니다.

■ 누전 차단기

누전 차단기의 기능은 이미 배웠듯이 용량 이상의 과부하가 걸렸을 때나 누전시에 전기를 차단하는 역할을 합니다. 아래의 사진에서 볼 수 있듯이 차단기 중간에 적색의 시험용 버튼이 있는데, 이 버튼을 눌러 차단기가 정상적으로 동작되는지를 테스트할 수 있습니다.(버튼을 살짝 누르면 전기가 차단됩니다. 오래 누르지 말고 살짝 눌러 시험하세요.) 외부에서 들어오는 전기는 무조건 이 누전 차단기에 두 선을 꽂고 여기서 전기를 나누어 사용합니다. 누전 차단기는 용량이 각기 다른데, 가정용으로는 보통 30A, 50A를 많이 사용합니다.

220V 전기에 30A를 곱하면 한 가정에서 최대 사용할 수 있는 소비전력 6,600W(6.6KW)를 사용할 수 있습니다. 하지만 우리가 세수를 할 때 세면대에 물을 찰랑찰랑 넘칠 정도로 받아놓고 사용하지 않듯이 전기도 최대 용량의 70~80%(30A인 경우 5KW 정도) 용량 내에서 사용하는 것이 좋습니다.

집안에 에어컨이 돌아가고, 냉장고, 세탁기, 전기밥솥, 진공 청소기, 다리미의 전자제품을 동시에 사용한다면, 아마도 이 차단기가 내려가겠죠? 차단기들이 역할을 못해준다면, 전선에 열이 발생하면서 화재가 발생하게 됩니다. 그래서 전기사용 안전규칙에 의하면 한 콘센트에 여러 전기 코드 사용을 금지하는 것이며, 즉 얇은 전선에 과다한 전기를 공급하여 사용하면 과열되어 화재가 날 수밖에 없는 것이죠. 또한 몇 십 와트의 작은 충전기 수십 개를 동시에 꽂는다고 해서 과열되는 것은 아닙니다.

■ 일반 차단기

전기를 용량 이상으로 흘려 보내면 전원을 차단시키는 역할을 합니다. 일반 차단기는 누전 차단기처럼 적색 버튼은 없습니다.

▲ 일반 차단기

누전 차단기와 일반 차단기가 설치되어 있는 가정용 분전함은 다음과 같은 형태로 구성되어 있습니다.

가정에서 사용하는 전기를 이해하려면, 이러한 전선이나 분전함이 어떻게 연결되어 흘러가는지를 파악해 두어야 여러 가지 문제나 상황에 따른 작업을 적절하게 대처할 수 있습니다.

▲ 좌측은 누전 차단기, 우측은 일반 차단기

2. 알아두면 편리한 우리집 전기배선

우리의 각 가정에서 사용하는 전기는 다음과 같은 흐름으로 공급되어 편리하게 사용하게 됩니다.

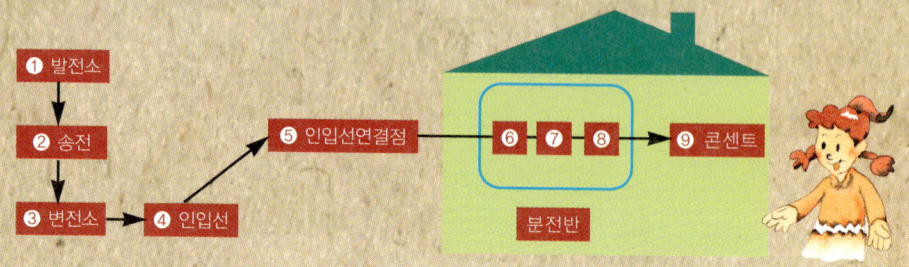

위와 같이 우리가 사용하고 있는 전기공급의 흐름은 ① 발전소 -> ② 송전소 -> ③ 변전소 -> ④ 인입선-> ⑤ 인입연결점-> ⑥ 적산전력계-> ⑦ 분전반 (누전 차단기, 일반 차단기), ⑧ 콘센트나 스위치 등을 통해 원활한 공급을 받고 있습니다.

여기서 알아두어야 할 점은 ⑤ 인입연결점은 전주와 개인의 집을 연결하는 접점선으로써 한국전력의 책임과 역할을 구분해주는 지점입니다. 즉 인입연결점까지는 한전에게 그 책임과 설비관리가 있으며, 인입연결점 이후부터는 각 가정에서 책임과 설비관리가 요구됩니다.

⑥ 적산전력계는 각 가정의 전력소비량을 측정하는 기준이 되면서 일정기간의 검침 일에 따라 사용량을 측정하여 전기요금으로 청구되는 것입니다.

⑦ 분전반은 누전 차단기와 일반 차단기로 구성되어 있으며, 누전 차단기는 일종의 안전장치로서 가정 내 누전을 감지하고 유사시 전기를 차단하는 역할을 합니다. 일반 차단기는 가정에서 사용하는 개별의 전기를 켜고 끌 수 있도록 통제하며, 전기 작업을 할 때 필요한 차단기 부위를 내리면 전기가 통제되어 해당 차단기와 연결되어 있는 배선 쪽에는 전기가 공급되지 않는 특징이 있습니다.

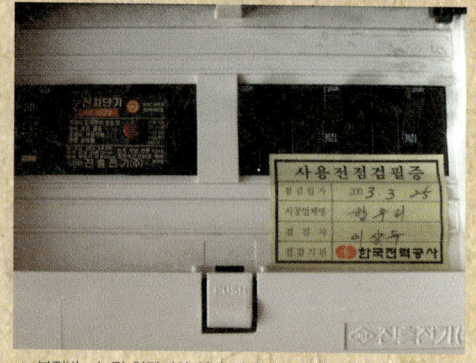

▲ 분전반 : 누전 차단기와 일반 차단기

또한 가정 분전함에 있는 여러 개의 일반 차단기는 각 방과 다른 여러 공간의 스위치 및 콘센트들과 연결되어 있습니다. 여기서 뻗은 전선들은 집안의 천정과 바닥, 혹은 벽 속에 매입되어 각각의 공간으로 전기를 분배합니다.

특히 가정 전기공급의 필수적인 콘센트의 경우는 조명 배선과는 달리 좀더 단순하게 배치되어 있는 경우가 많은데, 주로 천정보다는 바닥으로 매설된 경우가 많습니다.

다음은 일단 차단기를 통해 한 가정의 방에 들어가는 전기배선의 모습입니다. 다음 도해만 이해하면 가정 내 전기 흐름을 어느 정도 이해할 수 있습니다. 도해를 보기 전에 상식적으로 전등 3개를 켜기 위해서는 선이 몇 개가 필요할까? 아마도 대부분 6개라고 대답할 것입니다. 그러나 실제로는 4개만 사용합니다. 왜? 4개만 사용할까요?

아래의 도해를 보면 쉽게 이해할 수 있습니다. 일단 1번 선을 공통으로 사용하고 각각의 전등으로 1개씩만 찾는 일입니다. 이는 대부분 별도로 연결해두기 때문에 해체 작업 전에 살펴보면 쉽게 찾아낼 수 있습니다. 자세한 사항은 뒤에서 전원 스위치 및 콘센트 교체 실습을 통해 알아보도록 하겠습니다.

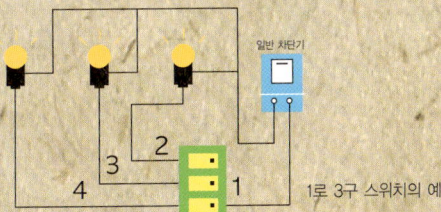

1로 3구 스위치의 예

■ 전선 연결 방법

천정과 벽면에 매입되어 있는 함에는 여러 가닥의 전선이 복잡하게 연결 되어 있는 경우가 많습니다. 이 전선들은 모두 색으로 구분을 하고 연결을 하는데, 자칫 전선을 잘못 연결하면, 합선이 될 수 있으므로, 스위치나 콘센트 교체시에는 기존에 있는 전선의 연결상태를 잘 보고, 한 개 한 개 제대로 연결을 해야 합니다. 전선을 연결 하는 방법에는 여러 가지 방법이 있습니다. 단선과 단선을 연결 하는 방법은 다음과 같습니다.

① 전선을 1 cm가량 벗겨내고 나란히 잡아 살짝 벌려준 후 손으로 2번 정도 휘감아 줍니다.

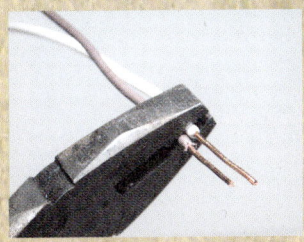
▲ 펜치로 나란히 잡는다

▲ 각 전선을 벌려준다

▲ 엇갈리게 휘감는다

② 펜치나 니퍼로 휘감아 준 후 끝부분을 살짝 잘라냅니다. 그리고 절연 테이프로 감거나, 아래와 같은 접속자로 연결합니다.

▲ 끝 부분을 잘라준다

▲ 절연 테이프로 감는 경우

▲ 접속자를 덮을 경우

③ 접속자는 여러 종류가 있어 끼워서 압착하는 타입과 나사처럼 손으로 돌려서 끼우는 타입이 있습니다.

▲ 펜치로 꽉 눌러준다

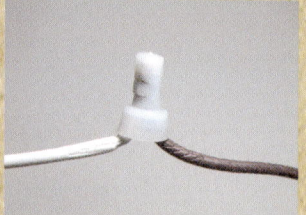
▲ 깔끔하게 연결되었다

▲ 여러가지 접속자

• 절연의 여러 가지 방법

전선을 연결하는 방법에는 아래와 같은 방식들을 사용하면 좋습니다. 전문가들이 주로 절연 테이프를 이용하여 연속동작으로 전선을 잇는 능숙한 모습은 아마 많이 보셨을 겁니다.

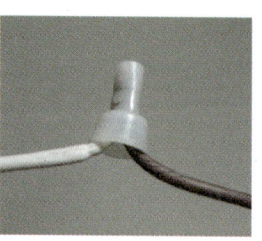
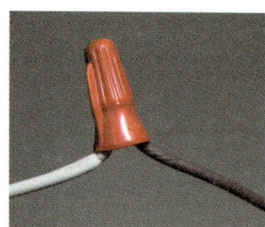
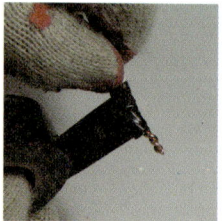

낡은 형광등 통째로 교환하기

철천지의 30분집수리

너무 낡은 형광등은 시력도 약하게 할뿐만 아니라 합선의 위험도 있습니다. 방안이 침침하면 기분까지도 좋지 않습니다. 여러분의 방 안에 최신 형광등으로 전기도 절약하고 방안을 밝은 분위기로 바꿔보세요.

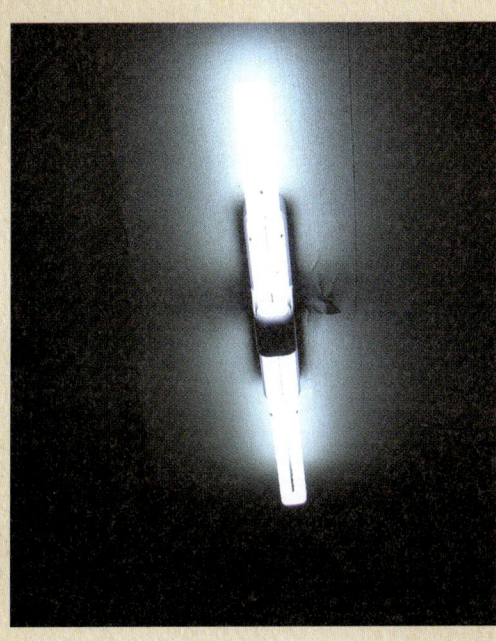

- 작업 시간 : 30분
- 난이도 : ★★☆☆☆
- 재료비 : 3만원
- 절약비용 : 2만원
- 준비물 : 새 형광등, 펜치, 드라이버, 절연 테이프나 접속자, 드릴, 드라이버 비트 6mm
- 핵심 공구 : 드릴, 펜치

- 작업 순서
  1. 차단기 내리기
  2. 기존 형광등 떼어내기
  3. 새 전선 교체하기
  3. 새 형광등 달고 테스트하기

- **작업 힌트** : 전기 작업은 세심한 주의가 필요합니다. 작업 시 반드시 차단기를 내리고 작업하는 것이 좋으며, 특히 전선과 전선을 이을 때에는 절연 테이프를 사용하여 누전되거나 합선되지 않도록 단단히 매듭지어 주어야 합니다.

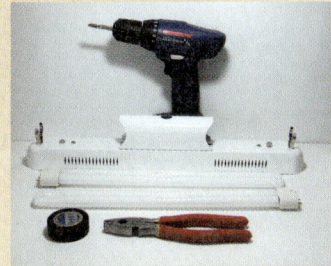

전기는 함부로 다뤄서는 안되지만, 전기의 특성을 잘 알면 안전하게 집에서도 간단한 작업들을 수행할 수 있습니다. 그 중 아이들 방이나 안방 등의 낡은 형광등 교체 작업은 그리 어렵지 않은 작업이라 소개할까 합니다.

종종 형광등 갈아 끼우는 것조차 두려워하여 사람을 부르는 경우가 있습니다. 지금부터 배워볼 형광등 통째로 교체하는 법만 알면, 그런 사소한 두려움은 말끔히 없앨 수 있답니다.

작업 단계 : 차단기 내리기 ▶ 기존 형광등 분해 ▶ 새 전선 정리 ▶ 새 형광등 교체 ▶ 전원 테스트

① 앞서 설명한 전선에 대한 내용을 제대로 이해하셨다면, 1개의 조명을 설치 하기 위해 2개의 전선이 필요하다는 것쯤은 아시리라 생각합니다. 요즘 나오는 조명(형광등 기구)을 구입할 때 꼼꼼히 보시면, 여러 형태로 연결할 수 있는 단자가 있는 것을 알 수 있습니다. 종류에 따라 어떤 제품은 전선을 벗겨서 연결하는 제품도 있고, 아래와 같이 간단히 연결할 수 있도록 단자가 내장된 제품도 있습니다.

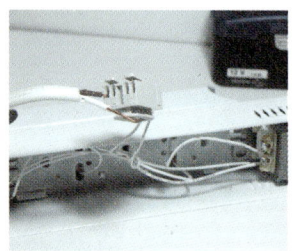
▲ 단자가 내장된 조명기구

② 전문가가 아니라면 먼저 차단기를 끄고 작업하세요. 좌측에 있는 누전 차단기 전체를 끌 필요 없이 우측 작은 차단기 중에 조명에 전기를 공급하는 부분만 꺼도 안전합니다.

▲ 좌측은 누전 차단기 우측은 일반 차단기

③ 다음엔 기존의 낡은 형광등을 제거하는 일입니다. 전선줄을 넉넉히 내리고, 펜치로 중간 부위를 잘라 내도 됩니다. 전선을 자를 때는 반드시 한 가닥씩 잘라 내시는 것이 원칙이며, 한꺼번에 자를 경우 합선되어 스파크와 함께 펜치가 녹을 때도 있으므로 주의하시기 바랍니다.

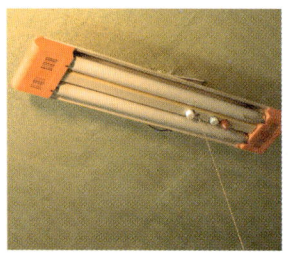
▲ 교체 전 형광등

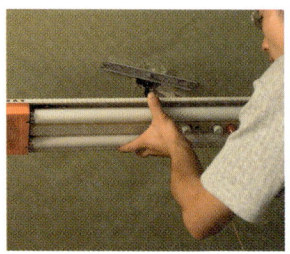
▲ 형광등 떼어내기

▲ 형광등 몸통 분리

❹ 낡은 형광등을 제거하면 보시다시피 천정에는 두 가닥의 전선만 남습니다. 이 선에 새 형광등을 다는 일만 남은 것이죠.

▲ 천장에 두개의 전선만 남았다

❺ 두 가닥의 전선에 새 형광등의 연결 단자에 각각의 전선을 연결합니다. (마무리는 절연 테이프나 새 제품에 맞는 방법으로 합니다.) 제품 마다 설치 방법은 조금 다릅니다만, 천정이 콘크리트 면인 경우 드릴을 이용하여 형광등을 나사못으로 고정을 할 수 있고, 천정에 고정할만한 쇠판이 있다면, 직결 나사를 이용하여 고정할 수도 있습니다. 사진에는 천정에 철판이 있어 철판에 직결 나사로 직접 고정을 하였습니다.

 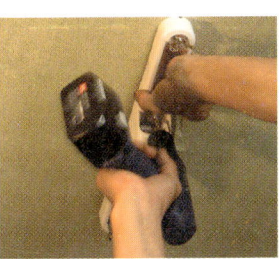 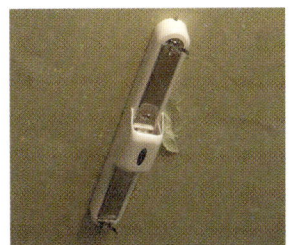

▲ 새 형광등 연결선을 연결   ▲ 형광등 몸통을 천장에 고정   ▲ 고정된 새 형광등 몸통

❻ 이제 거의 마무리 작업입니다. 형광램프를 바르게 끼우고, 차단기를 올린 후 전원스위치를 켜봅니다. 불이 환하게 들어온 것을 알 수 있습니다.

 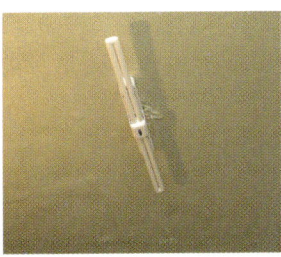 

▲ 형광 램프를 삽입한다   ▲ 양쪽 모두 삽입된 형광등   ▲ 테스트 하기

• 누전 차단기의 용량 선택법

누선 차단기의 용량을 선택할 때에는 각 조명의 와트(Watt) 등을 모두 더하고 전열기, 냉장고, 에어콘 등의 와트 수를 합한 후 220V로 나누면 실제 사용 전류의 양이 됩니다.

여기에 여유분으로 30%를 합하면 적당한 차단기 용량을 계산할 수 있습니다.

한 예를 들어보겠습니다.

에어콘 2000W, 조명기기 40W×20개=800W, 냉장고 1000W 일 때 2000+800+1000 =3800(W)이고, 3800(W)/220(V)=17(A)의 실제 사용량이 나옵니다. 여기에 여유분 30%를 합하면 약 22.1A로 30A의 누전 차단기를 선택하면 됩니다.

30(A) 용량 정도의 장소에 200(A)의 누전 차단기를 설치한다고 좋은 것은 결코 아닙니다. 전선의 용량에는 분명 한계가 있는데, 용량이 큰 차단기를 사용하였다고 해서 전기제품을 마구 사용한다면 전선의 과열로 인해 자칫 화재로 이어질 수 있기 때문입니다. 즉, 크다고 무조건 좋은 것이 아니라 전기의 사용량에 따라 전선과 누전 차단기의 용량도 비례해서 바꿔주어야 합니다. 먼저 내부 결선을 작업한 후에 살아 있는 전원 연결만으로도 적지않은 비용을 절약할 수 있습니다.

05 접촉 불량 전원 스위치 교환하기

철천지의 30분집수리

전원 스위치가 고장 난 채로 방치되어 있는 경우가 있습니다. 자칫 누전 위험성도 있으므로 이 정도의 작업은 집에서 스스로 할 수 있습니다. 전문가를 부르면 인건비까지 들겠죠. 몇 천원의 재료비만으로 스스로 고쳐보세요.

- 작업 시간 : 15분
- 난이도 : ★★☆☆☆
- 재료비 : 2천원
- 절약비용 : 1만원
- 준비물 : 새 전원 스위치, 펜치, 드라이버나 드릴, 절연 테이프
- 핵심 공구 : 드라이버, 펜치

- 작업 순서
  1. 차단기 내리기
  2. 기존 전원 스위치 분해하기
  3. 새 스위치에 전선 연결하기
  4. 전원 스위치 조립하기

- 작업 힌트 : 전문가가 아니라면 반드시 차단기를 내리고 작업하는 것을 권하며, 기존의 스위치가 2로2구형인지, 1로2구형인지를 잘 파악하신 후 구입하세요. 전선을 연결하다 연결부위가 다르면 당황할 수 있습니다.

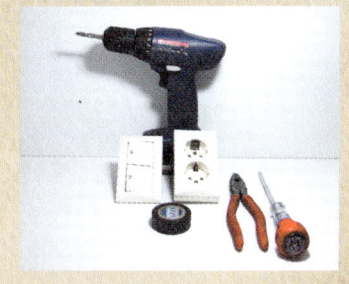

좀처럼 고장 나지 않은 부분이지만, 접지 불량으로 고장 나거나, 너무 낡아 교체해야 한다면 사람을 부를 필요 없이 직접 해결하실 수 있습니다. 또한 방이나 거실에 도배를 했다면 때 묻고 낡은 전원 스위치가 아주 볼성사납게 보여 신경이 거슬릴 때가 있습니다.

이때 간단한 방법으로 전원 스위치를 교체해보세요. 보기보다 아주 쉽고 간단하답니다.

초보자는 차단기 내리고 작업하시는 것을 꼭 잊지 마시고요.

작업 단계 : 차단기 내리기 ▶ 기존 스위치 분해 ▶ 새 스위치 전선 연결하기 ▶ 전원 스위치 조립하기 ▶ 테스트 하기

❶ 전원 스위치 커버를 드라이버 등으로 벗기면 위 아래로 작은 나사가 박혀있습니다. 이 나사들을 풀어 내고 속 커버를 분리합니다. 여기서 나온 나사들은 그냥 버리지 말고 모아 두는 것이 좋습니다. 그리고 전선의 연결 상태를 꼭 눈여겨 봐두시는 것이 좋습니다.

▲ 커버를 벗긴다

▲ 부착판 나사를 분해한다

▲ 부착판을 떼낸다

❷ 별도의 전등 2개를 켜는데 필요한 전선의 수는 3가닥입니다. 앞서 알려 드린 설명을 한번 되새겨 보세요. 아래 스위치의 경우는 전등이 2개인데 총 4가닥의 선이 있지요?

그러나 자세히 보면, 좌측의 아래 구멍과 위 구멍이 검은 선으로 서로 연결되어 있는 모습을 볼 수 있습니다. 이 두 선은 서로 공통으로 사용하는 선으로 연결되어 있는 모습입니다.

▲ 총 4가닥의 선이 보인다

▲ 검은색 전선은 공통선이다

▲ 스위치 몸통을 분해한다

❸ 새로 연결할 스위치는 우측 사진의 신형에는 검은선으로 서로 연결 할 필요가 없이 구멍이 줄어 있지요. 그러나 염려 하지 마세요. 이미 연결이 되어 있는 상태입니다. 어느 부분이 공통 선인지만 찾으시고, 선이 서로 바뀌지 않도록 하나하나 풀어서 옮기세요. (선이 바뀌어 연결되면, 스파크가 튀고 놀랄 수 있습니다. 물론 차단기를 내리고 작업하면 그럴 염려는 없겠죠?) 선을 넣거나 뺄 때에는 옆의 하얀 부분을 일자 드라이버로 누른 상태에서 펜치로 당기거나 밀어넣으면 됩니다.

▲ 펜치로 선을 뽑는다

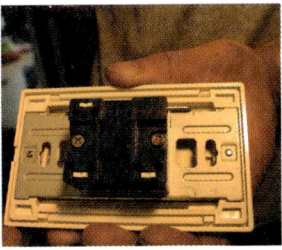
▲ 교체할 새 스위치 내부

▲ 드라이버로 전선을 하나씩 옮깁니다

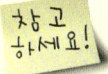
참고 하세요!

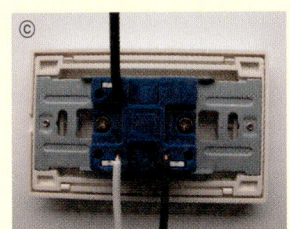

ⓐ 모양은 서로 달라도 같은 기능을 가지고 있습니다. 좌측에 공통선을 만들어 주었기 때문이죠.

ⓑ 기존에 설치된 스위치의 구조입니다. 2로2구의 스위치이지만, 한 선이 공통선이므로 1로 2구의 역할을 합니다.

ⓒ 새로 교체한 스위치입니다. 역시 1로2구의 역할을 합니다.

④ 이제 한 선씩 옮겨 연결하면, 기존의 구멍에 스위치의 몸체를 매입하고, 분해할 때 모아둔 긴 나사로 하나하나 조립하면 됩니다.

▲ 연결한 전선을 덮는다

▲ 똑같이 연결 후 벽속에 매입한다

▲ 부착판을 고정한다

⑤ 거의 작업이 완료되었으며, 스위치 덮개와 겉 커버를 모두 끼우면 이제 완성입니다. 그리고 차단기를 올려 제대로 작동하는지 한번 테스트해 보세요.

▲ 스위치 버튼 조립

▲ 스위치 커버를 씌운다

▲ 테스트 하기

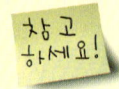

스위치의 종류는 일반적으로 매입형 스위치와 노출형 스위치, 그리고 타임 스위치가 있습니다. 매입형 스위치는 1로1구, 1로2구, 1로3구, 2로2구, 2로4구 등이 있으며, 1로는 메인 전원이 들어오는 회로의 개수를 말합니다. 가정에서는 거의 1로로 구성된 스위치를 사용합니다. 1구는 점등하는 스위치의 개수를 말합니다. 따라서 1로1구에는 2개의 전선이 꽂히게 되며, 1로2구에는 3개, 1로3구에는 4개의 전선이 필요합니다. 2로의 경우는 외부에서 들어올 수 있는 메인 회로의 개수가 2개가 됩니다. 이것은 예를 들어 긴 복도의 경우 한쪽에서 전원을 켜면 반대편에서 전원을 끌 수 있는 용도로 사용합니다.

그리고 노출형 스위치는 1구짜리만 사용하며, 이에는 형광등 점멸에 사용하는 펜던트 스위치와 손잡이를 상하로 작동하는 텀블러 스위치가 있습니다.

안전한 접지용 콘센트로 교체하기

아이가 있는 집이라면 특히 전기 콘센트에 주의를 기울여야 합니다. 대부분 낮은 곳에 위치해 있기 때문에 자칫 감전의 위험성이 있기 때문이죠. 요즘에 나오는 콘센트는 대부분 접지용 콘센트라 감전사고에 좀더 안전한 편입니다.

- 작업 시간 : 15분
- 난이도 : ★★☆☆☆
- 재료비 : 2천원
- 절약비용 : 1만원
- 준비물 : 새 전원 콘센트, 드릴이나 드라이버, 절연 테이프, 펜치
- 핵심 공구 : 드라이버, 펜치

- 작업 순서
  1. 차단기 내리기
  2. 접지용 콘센트에 전선 연결하기
  3. 접지용 콘센트 조립하기

- **작업 힌트** : 전원 스위치 교체와 방법은 같습니다. 차단기 내리는 점을 잊지 마시고, 벽 속에 연결된 전선의 색깔과 가닥을 잘 기억해 두었다가 틀리지 않게 새 접지 콘센트에 연결해 주어야 합니다.

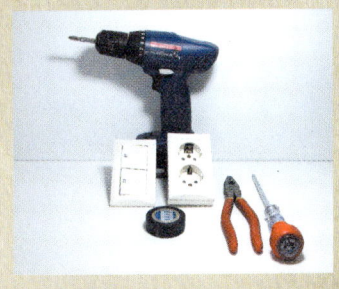

아이들이 있는 집이라면 낮은 벽면에 설치된 전원 콘센트가 매우 위험할 때가 있습니다. 안전성을 높일 수 있도록 배려하는 것도 좋은 방법이며, 자주 사용하는 콘센트는 접촉 불량으로 스파크가 나기도 합니다. 이럴 때 전원 콘센트를 새로 교체하는 일도 앞서 배운 전원 스위치 교체하는 방법과 하나 다를 것이 없습니다. 주의해야 할 사항만큼은 꼭 숙지하셔서 작업해 보시기 바랍니다.

작업 단계 : 차단기 내리기 ▶ 기존 콘센트 분리 ▶ 전선 연결하기 ▶ 콘센트 조립 ▶ 테스트 하기

① 먼저 차단기를 내린 후 드라이버 등을 이용하여 기존 콘센트 커버를 벗겨냅니다. 위 아래로 작은 나사가 박혀 있는 것을 볼 수 있습니다. 이 나사를 제거하고 속 커버도 분리합니다. 마찬가지로 여기서 나온 나사들도 버리지 말고 모두 모아두는 것이 좋습니다.

▲ 커버를 벗긴다　　▲ 부착판 나사를 분해　　▲ 안쪽 나사를 분해한다

② 기본 콘센트 몸체를 제거하면 전선이 연결된 부분이 아래 사진처럼 나사못으로 감아 고정하게 되어 있습니다. 물론 오래된 제품일 경우입니다. 사진에는 모두 4가닥의 전선이 연결 되어 있는데, 그 중 두 가닥의 전선은 다른 벽에 있는 콘센트로 연결된 선입니다. (참고로 대부분 시공할 때 선의 색상을 이용하여 구별할 수 있도록 배려합니다.)

▲ 부착판을 떼어낸다　　▲ 몸통의 철심을 푼다　　▲ 교체전의 콘센트 몸통

❸ 다음엔 교체할 새 콘센트에 좌우가 바뀌지 않도록, 하나씩 선을 빼서 옮겨 꽂습니다. 분해할 때 눈여겨 봐 둔 전선의 위치를 잘 기억해두면 헷갈리지 않겠죠?

▲ 펜치로 잡아 연결한다   ▲ 한가닥씩 이동한다   ▲ 전선을 모두 이동하였다

❹ 이제 새 콘센트를 분해할 때 모아둔 긴 나사로 고정하고 남은 커버를 끼우면 설치가 끝납니다. 깔끔하게 완성되었습니다.

▲ 나사로 안쪽 부착판 고정   ▲ 덮개를 덮는다   ▲ 교체한 접지 콘센트

• 일반 콘센트와 접지 콘센트

좌측은 일반 콘센트입니다. 반면 우측은 접지 콘센트로 안전성과 전기 제품의 노이즈를 방지하는 역할을 합니다. 콘센트에 접지가 내장되어 있어 감전 등을 방지하고, 고용량의 전선을 사용할 수 있습니다. 따라서 콘센트 교체시 알맞은 제품을 선택하시기 바랍니다.

초보자를 위한 페인트 칠과
간단한 리폼 배우기

01 리폼의 필수, 페인팅의 종류 알기
02 리폼 페인트 칠하는 방법 익히기
03 버려진 괘종시계 패브릭 수납장으로 리폼
04 낡은 욕실문, 페인트로 단장하기

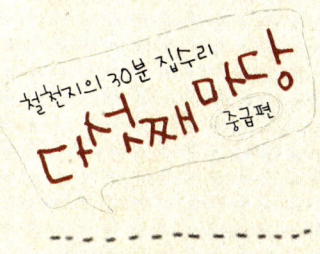

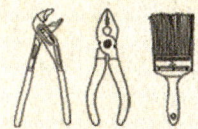

페인트 칠은 누구나 할 수 있는 일이지만 막상 가구나 문짝 등에 페인트를 입히려 한다면 어떤 페인트를 선택해야 할지, 또 어떤 과정으로 페인트 시공을 해야하는지를 아는 이는 그다지 많지 않습니다.

이번 장에서는 페인트 칠을 하기에 앞서 페인트에 대한 여러 가지 상식들, 즉 종류와 선택법, 그리고 칠하는 방법들을 소개하고, 실제로 리폼가구와 집안 욕실 문짝을 실례로 페인트 칠 공정을 익혀보겠습니다.

간단한 페인트 칠을 해보다보면 DIY 목공은 물론 집안에 손볼만한 곳에 페인트 칠을 하는 것은 그리 어렵지 않게 해낼 수 있습니다.

철현지의 30분 집수리

리폼의 필수, 페인팅의 종류 알기

'옷이 날개다'라는 말이 있듯이 페인팅도 가구나 집안의 리폼, 그리고 집수리 등에 있어 조금만 바꿔줘도 분위기를 확 다르게 할 수 있는 것이 페인팅이 아닐까 싶습니다. 낡은 옷장이나 서랍장, 그리고 집안에 노후된 방문 등도 가볍게 페인팅만 제대로 해줘도 리모델링하여 충분히 재활용할 수 있는 부분이 많습니다. 이번에는 가구나 집안 여러 곳에 색을 입히기 전에 꼭 알아두어야 할 페인팅의 종류에 대해 배워보겠습니다. 또한 페인팅의 종류를 알면 어떤 곳에 어떤 페인트를 칠해야 효과가 있는지를 알 수 있으며, 무분별하게 칠해 오히려 쓸모 없게 만드는 일도 방지할 수 있습니다.

1. 페인팅의 기본 순서

페인트는 얼굴 화장과 비유하면 쉽게 이해할 수 있습니다. 하도(제)는 페인트 칠 과정에서 가장 먼저 칠하는 작업이며 칠할 곳과 페인트를 강하게 접착시켜 주는 도료입니다. 그리고 상도(제)는 가구 표면에 도장막을 형성하여 칠할 곳을 보호해주는 역할을 합니다.

화장	페인트
건강한 피부	좋은 목재
기초 화장	사포질(샌딩)
파운데이션	페인트 하도제
색조 화장	페인트 상도제

2. 젯소(하도제)

젯소는 페인트 칠 하기 전에 바르는 일종의 하도제입니다. 미술재료에서도 아크릴이나 유화 작업을 할 때 가장 먼저 하게 되는 표면 준비 재료입니다. 젯소를 꼭 칠해야 하는지 궁금해 하는 분들이 많은데, 젯소는 페인팅이 잘 먹히게끔 바탕 표면을 만들어주는 역할을 합니다. 물론 젯소 칠을 건너뛰어야겠다고 해도 큰 문제가 되는 것은 아니지만, 젯소 작업을 건너뛰게 되면 일단 페인트 소모량이 많아지고, 특히 고광택(니스 칠 등)으로 코팅된 가구나 알루미늄 같은 경우에는 사포질을 반드시 해주어야 합니다. 젯소 작업이 다소 귀찮고 힘들지만, 젯소는 아주 유용해서 목재, 시멘트 벽, 석재, 비철 금속, 플라스틱, 오래된 유성페인트 위, 시트지로 된 가구, 타일의 종류에 따라서는 욕실 초벌도 가능합니다. 그러므로 젯소는 페인팅할 때 빠트릴 수 없는 중요한 재료가 됩니다.

3. 페인트

페인트는 흔히 불투명한(속이 보이지 않는) 페인트를 말합니다. 집수리에서 페인트는 초보자 분들이 어려워하는 부분에 속합니다. 우선은 어떤 페인트를 칠해야 하는지를 잘 모르게 때문인 것 같습니다. 또한 페인트칠은 강한 냄새와 피부나 옷 등에 닿으면 잘 지워지지 않기 때문에 더 어려워하는 경향이 있습니다.

페인트는 재질에 따라 수성페인트, 에나멜페인트, 락카페인트, 우레탄 등이 있습니다. 그리고 독한 냄새 등을 고려해서 요즘에는 무독성 페인트를 많이 사용하며, 무독성 페인트는 물을 혼합하여 사용하는 수성인데다가 아크릴과 라텍스 성분이라 인체에도 해가 되지 않는 재료를 사용합니다. 게다가 재질에 따라 내구성도 많이 차이가 있습니다.

일반적으로 벽에 칠하는 페인트와 가구 등에 칠하는 페인트에 대해서 알아보겠습니다. 여기서는 비교적 대중성이 있는 에드워드 페인트를 예로 들어 설명하겠습니다.

- **W411** : 실내전용 페인트로 저광택 페인트입니다. 벽지, 시멘트벽, 베란다, 패브릭 등 실내 벽면에 사용하는 페인트입니다.

- **W940** : 실내외겸용으로 계란껍질광이 나며 목재가구, 출입문, 창문, 창틀, 난간금속 등에 사용하는 페인트입니다.

- **W401** : 실내용 무광택 페인트로 벽지, 천장, 시멘트 벽 등 실내 벽면에 사용합니다.

4. 스테인(목재 염색)

스테인도 페인트 못지않게 많이 사용합니다. 천연 스테인은 음식물, 식료품에 사용되는 원료로 인체에 무해한 채색재료입니다.

색이 짙어서 일반 스테인에 비해 적은 양으로 깊은 색을 낼 수 있고, 목재에 스며들어 목재를 염색하는 역할을 합니다. 또한 물을 섞으면 옅은 색상을 만들 수 있습니다. 만약 가구에 칠할 때, 자연스럽게 나뭇결을
살리고자 한다면 스테인을 칠하는 것이 바람직하며, 효과도 뛰어납니다. 스테인은 원목에 직접 발라야 하고, 바니쉬나 페인트가 이미 칠해져 있다면 사용이 불가능합니다. 또한 한번 스며든 스테인 역시 제거하기는 어렵습니다.

5. 바니쉬(투명 페인트)와 셸락

보통 투명한 페인트를 바니쉬라고 합니다. 간혹 바니쉬를 꼭 칠해야 하는지를 궁금해하시는 분들이 많은데. 바니쉬는 가구 페인팅 후에 마감재 역할을 하는 재료입니다. 투명한 페인트, 매니큐어로 따지면 투명 매니큐어 정도로 이해하시면 됩니다. 우리가 흔히 '니스'라고 말하는 것은 이 바니시를 두고 하는 말입니다. 니스는 바니쉬의 일본식 표현입니다.

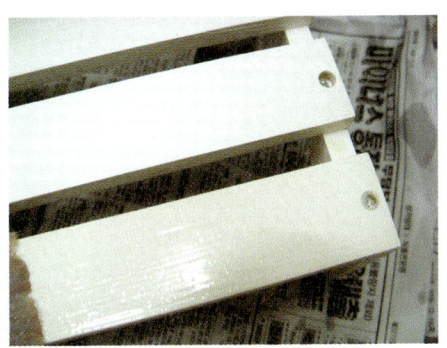 

바니쉬로 마감을 해주면 좋은 점이 많은데, 가장 큰 장점은 외부 손상, 즉 먼지나 오염물질 등으로부터 표면을 보호하고 변색되는 것을 막을 수 있습니다. 또한 바니쉬는 광도에 따라 무광, 유광, 반광이 있으므로 취향에 따라 가구의 광택을 조절할 수 있습니다.

셀락 역시 마감제의 일종으로 목재 표면의 결 메움 등에 탁월한 기능을 가지고 있으며, 목재의 표면 코팅을 지원합니다. 또한 인체에 무해한 성분이라 안심하고 사용할 수 있습니다.

일반 셀락(갈색이 짙은)은 색이 짙은 가구에 칠하는 것이 좋고, 투명 셀락은 밝은 색상이나 파스텔 톤 페인팅에 칠하는 것이 효과적입니다. 칠할 때는 부드러운 헝겊이나 걸레 등으로 골고루 칠해주면 되기 때문에 초보자도 쉽게 사용할 수 있습니다.

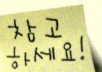 리폼할 때 기존의 페인트는 다 벗겨 내야 하나요?

앞서 가구 페인트는 화장과 비슷하다고 했습니다. 저녁에 잠들기 전 화장을 지우듯이 전체를 제거하고 다시 칠해야 합니다. 그러나 표면이 단단하게 굳어 있는 상태인지라 페인트를 모두 긁어 내는 박피 과정을 거치기는 매우 어렵습니다. 그래서 전체는 아니고 사포질로 표면을 긁어낸 후, 다른 색상의 페인트를 칠 합니다.

즉, 한번 원목에 입힌 스테인은 현실적으로 제거하기가 어렵습니다. 속이 보이지 않는 다른 색상의 페인트를 칠해줘야 합니다.

리폼 페인트 칠하는 방법 익히기

앞서 기본적인 페인팅 재료의 종류에 대해 알아보았습니다. 그렇다면 이젠 어떻게 사용하는지를 알아볼 차례입니다. 의외로 페인팅은 쉬워 보일 수 있지만, 막상 작업을 하게 되면 왜 나는 제대로 칠해지지 않는 걸까 하는 것을 느낀 분들이 많을 겁니다.

- **작업 힌트** : 페인트 칠하는 법을 알기 전에 꼭 알아두어야 할 점은 페인트는 완전히 색을 입히는 것, 스테인은 원목 자체 결을 살려주며 색을 입히는 것만이라도 정확히 이해하고 작업에 임하면 큰 실수는 없을 것입니다.

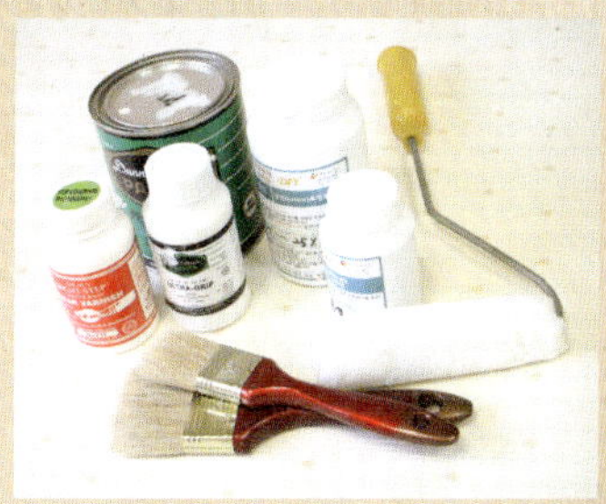

> 작업 단계 : 사포질하기 ▶ 젯소 칠하기 ▶ 페인팅하기 ▶ 바니쉬로 마감하기

❶ 주변에서 가장 문의가 많은 것들 중 하나가 코팅이 된 가구나 소품, 몰딩 등의 색깔을 바꾸고 싶은데 어떻게 해야할지 궁금해 하는 것들입니다. 다음의 사진은 처음엔 코팅된 검은색 의자였는데, 젯소를 한번 바른 모습입니다. 일단 울퉁불퉁 하거나 표면이 고르지 않으면 사포질을 한번 해주고 작업에 들어가세요.

❷ 다음은 젯소 칠 3번에, 페인팅 3번을 칠한 모습입니다. 칙칙했던 검은색 의자가 이렇게 흰색으로 깔끔하게 덧칠해지니 완전히 달라보입니다. 아직 다리 안쪽이나 이음새 부분은 마저 칠해지지 않은 모습입니다.

❸ 이번엔 문입니다. 방문도 문의가 많은 것 중에 하나인데, 칠하기 전의 방문 색은 진한 체리 색입니다. 한 때는 체리 색이 고급스러워 보여 꽤 인기가 있었으나 요즘엔 낡아 보이고, 어둡고 무거워 보인다 하여 그다지 선호하지 않는 색상입니다. 이를 화사한 흰색으로 바꿔보겠습니다.

Tip

벽지 위에 그대로 페인팅을 해도 괜찮을까?

사진을 보면 벽 색깔이 심하게 변색된 것을 보게 됩니다. 방문 칠을 하다보면 주변의 벽 때문에 칠해놓은 방문과 조화를 이루지 못하는 경우도 많이 나타납니다. 결국 벽면도 페인팅을 하게 되는데, 이때 벽지 위에다는 바로 페인트 칠을 해주어도 문제는 없습니다.

롤러를 이용해서 슥슥 발라주면 되고, 모서리나 롤러가 지나가지 않은 부분들은 붓으로 칠 해주면 됩니다. 물론 전기 스위치 등 페인트칠을 안 하는 곳에는 마스킹 테이프를 붙이고 작업하는 것이 편리합니다.

❹ 방문과 더불어 이어진 벽면이 하얗게 탈바꿈을 하였습니다. 방문은 의자와 같이 젯소를 바르고 페인팅 후 바니쉬로 마감을 한 모습입니다. 손잡이 부분도 칠해주었고, 방문 밖의 몰딩 부분도 모두 하얀색으로 칠했습니다.

● **원목에 칠하는 경우**

다음은 페인트를 칠했을 때와 스테인을 칠했을 때의 느낌이 어떤지 비교해보기 바랍니다.

❶ 먼저, 페인트칠부터 하겠습니다.

젯소를 바르고 아래의 사진을 보면 의자에 등받이 부분과 엉덩이 닿는 부분의 페인팅이 틀린 걸 알 수 있습니다. 등받이 부분을 젯소에 물을 조금 많이 섞어 살짝 발라준 모습입니다. 아래 앉는 부분은 물을 적게 써 진하게 발라주었습니다.

❷ 등받이 부분과 같이 물을 넉넉히 섞어 발라주면 이것이 바로 워시드 기법입니다. 화장으로 치면 비비크림과 같은 역할입니다. 잔잔하게 나뭇결이 느껴지는 느낌. 젯소를 2~3회 정도(칠하고 마른 뒤 다시 칠해야 합니다. 마르지 않은 상태에서 칠하면 뭉쳐요), 그리고 흰색 페인트를 2~3회 정도 칠해줍니다. 그리고 페인트가 마르면 바니쉬를 발라주세요. 약 2회 정도 발라주면 됩니다.

❸ 이제 스테인을 발라보겠습니다. 스펀지나 헝겊을 뭉쳐 걸레질을 하듯이 바릅니다.

스테인은 헝겊으로 바르는 것이 훨씬 잘 발라집니다. 진한 색의 스테인을 발라도 나무의 고유 결이 느껴지는 것을 볼 수 있습니다. 스테인이 마르면 표면 보호를 위해 바니쉬를 발라줍니다. 이것도 약 2회 정도 해주면 됩니다. 사진의 과정을 통해 페인트와 스테인의 차이를 쉽게 알 수 있습니다.

▲ 스테인 칠 후

▲ 페인트 칠 후

버려진 괘종시계 패브릭 수납장으로 리폼

아파트 분리수거장에서 주어온 괘종시계를 리폼해볼까 합니다. 아마도 많이들 눈에 익은 리폼 중 하나일 듯 싶습니다. 패브릭 조각천과 간단한 페인팅 작업만으로 훌륭하게 변신할 수 있으며, 필요에 따라 선반이나 옷걸이 장식 철물 등을 달아 수납장으로 쓰기에도 아주 좋습니다. 자 그러면 어떻게 변화되는지 한번 볼까요?

- 작업 시간 : 약 3시간
- 난이도 : ★★★☆☆
- 재료비 : 2~3만원대
- 절약비용 :
- 준비물 : 헌 괘종시계, 사포, 젯소, 페인트, 붓, 바니쉬, 패브릭, 가위, 딱풀, 스프레이 접착제, 철망, 인테리어 로프, 피스, 드릴

- 작업 순서
  1. 사포질하기
  2. 페인팅하기
  3. 패브릭 및 장식물 부착하기
  4. 바니쉬로 마감하기

- **작업 힌트** : 괘종시계 폐품이므로 거친 표면을 곱게 사포질로 다듬어 주어야 합니다. 표면 색깔이 진하기 때문에 젯소로 3~4회 정도는 칠해주면서 건조시킨 후에 원하는 색깔이 나올 때까지 페인트칠을 해줍니다. 패브릭과 철망작업 후에 약간 빈티지한 느낌을 주려면 사포로 페인트 칠된 부분을 약간 벗긴 후에 바니쉬를 칠해주세요.

🗨 작업 단계 : 괘종시계 사포질하기 ▶ 페인트 칠하기 ▶ 패브릭 장식하기 ▶ 바니쉬로 마감하기

① 허름한 괘종 시계 하나가 덩그러니 놓여있습니다. 지금은 그저 볼품 없는 폐품에 불과합니다. 물론 더러 집에 고장 난 괘종시계도 있을 겁니다. 버리기 아까우면 도전해보시구요. 지금은 약간 유행이 지났지만 한 때는 괘종시계 리폼이 꽤 유행을 했었답니다.

② 일단 먼지나 이물질부터 제거해 줍니다. 기왕이면 사포로 곱게곱게 정리 한번 들어가 주세요. 그리고 편리한 색칠을 위해 문짝을 분리합니다.

③ 겉 표면 처리작업, 즉 사포작업이 끝났으면 젯소를 발라줍니다. 안에서부터 바깥 구석구석까지 꼼꼼히 발라줍니다.

④ 젯소를 4회 정도 발라주었습니다. 원 바탕이 검정색이라 다른 작업보다는 여러 번 더 꼼꼼히 발라주었습니다. 그리고 사포로 다시 붓자국이나 뭉친 부분들을 모두 제거한 후에 페인팅을 해줍니다. 여기서는 아이보리색 페인트 선택했습니다. 괘종시계 윗부분의 그럴싸한 몰딩 부분도 꼼꼼히 다 발라주어야 합니다. 이렇게 말리고 바르고를 3회 정도 반복합니다. 반복작업은 마음에 드는 색감이 나올 때까지 하고, 반드시 건조를 시킨 후에 페이팅 하세요.

⑤ 페인팅 마무리가 다 됐으면 이제 괘종시계 안에 붙일 패브릭 천을 알맞게 재단합니다. 패브릭 안에 붙일 면적을 실측한 후, 여유를 두고 잘라 붙여줍니다. 붙일 곳의 모서리 부분들이 실밥 때문에 지저분할 수 있습니다. 여유를 두고 잘랐으니 붙일 면적에 맞게 천을 안쪽으로 붙여준 다음 고정하세요. 천끼리도 잘 붙기 때문에 딱풀이나 3M 스프레이 접착제를 사용하면 됩니다. 물론 재단에 자신이 있는 분이라면 딱 맞게 잘라 붙여도 됩니다.

Tip

패브릭 천은 접착제로 주로 딱풀과 3M 강력 스프레이를 많이 사용하며, 스프레이식은 뿌리기만 하면 되므로 편리해서 넓은 면적은 스프레이로, 모서리나 끝부분 등은 딱풀을 이용하면 좋습니다. 편하다고 해서 스프레이를 너무 많이 남용하면 풀 묻은 다른 곳이 검게 때가 타거나 먼지가 묻을 수 있으므로 적당히 딱풀과 번갈아 쓰세요.

딱풀과 3M 스프레이 접착제

❻ 다음에는 천을 붙이고 밀대로 슥슥 밀어주세요. 천 붙이기가 끝났으면 이제 문짝에 철망 고정 작업을 시작합니다. 괘종시계 문짝은 처음엔 유리로 되어 있었는데 유리가 깨진 것이라 파편들을 완전히 제거한 후, 철망으로 고정할 의도였습니다. 우선 문짝 크기에 맞게 철망을 재단합니다. 문짝 안쪽을 보니 유리가 끼워져 있던 부분이 있어서 그 안으로 철망을 넣어 고정하려고 합니다. 걸리는 것이 없나 확인 한번 해주시고, 재단한 철망을 사이에 끼워 자리를 잡아주세요.

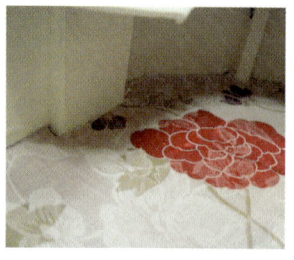 

▲ 철망 작업시 장갑착용은 필수   ▲ 유리가 끼워졌던 틈으로 철망 끼우기

❼ 이제 양쪽에 끼우고 쭉~내리면 됩니다. 그리고 위쪽 둥근 부분은 가위로 여유를 남겨 잘라주고 위치가 딱 맞으면 테두리에 인테리어 로프 백색끈을 둘러줍니다. 다음에는 보통 타카로 고정을 많이 하는데, 피스로 고정하는 방법을 보여드립니다. 튼튼하게 고정해주세요.

▲ 테두리에 인테리어 로프로 둘러주었습니다   ▲ 인테리어 로프로 두른 후에는 피스로 고정!

⑧ 거의 완성입니다. 이제 마무리로 바니쉬를 칠해주기 전, 엔틱한 괘종시계를 원하신다면 사포로 페인트 칠이 된 부분을 벗겨줍니다. 기존의 검정색이 나오는걸 확인할 수 있죠? 원하는 스타일을 내주고 바니쉬를 발라주면 모두 완성! 칙칙한 느낌의 육중한 검은색 괘종이 이렇게 화사한 수납장으로 변신했습니다.

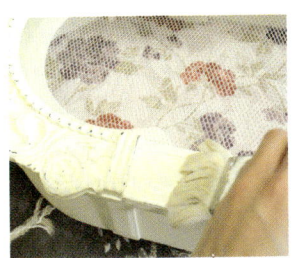

벽에 시계처럼 걸어 사용하거나 괘종의 아래 가공된 몰딩부분들을 떼어내고 벽조다리나 가구다리 등을 달아 스탠드형 수납장을 만들어 보세요

낡은 욕실문, 페인트로 단장하기

철천지의 30분집수리

집안의 욕실 문짝뿐만 아니라 오래된 집은 페인트 칠 할 곳이 여기저기 생기곤 합니다. 페인트가 닳아 벗겨지고 흠집이 많이 나 있다면 예쁜 색을 선택하여 페인트 칠 해보세요. 페인트 칠 하나만으로도 집안 분위기가 한층 밝아집니다. 참고로 페인트 색은 집안 분위기를 고려하여 선택해도 괜찮습니다.

초보자를 위한
페인트 칠과
간단한 리폼
배우기

144

- **작업 시간** : 2시간
- **난이도** : ★★★★☆
- **재료비** : 3만원
- **절약비용** : 6만원
- **준비물** : 락카페인트, 신나, 로울러, 작은 붓, 세숫대야, 헤라, 핸디코트, 사포 80방, 320방, 마스킹 테이프(커버링)
- **핵심 공구** : 로울러
- **작업 순서**
  1. 마스킹 테이프로 주변 감싸기
  2. 사포로 문지르기
  3. 핸디코트 등으로 흠집 없애기
  4. 페인트 칠하기

- **작업 힌트** : 페인트 칠을 할 땐 먼저 균열이 심한 부분을 다듬어 줘야합니다. 이때 사포로 문지른 후 핸디코트와 경화제를 섞어 그 부위에 발라주면 페인트가 균일하게 착색됩니다. 또한 진한 색의 문에 밝은 색의 페인트를 덧칠하려면 시간을 두고 마른 후에 반복해서 칠해야 합니다.

욕실문은 가정에서도 가장 사용 빈도가 높은 문 중에 하나입니다. 특히 습기가 많이 있는 곳에 노출되므로 다른 문들보다 페인트 칠이 쉽게 벗겨지거나 벌어지는 일이 많이 나타나기도 합니다. 또한 눅눅해지면 문짝 페이트 껍질이 우러나와 심한 경우에는 문짝을 갈아야 하는 일도 종종 있습니다.

▲ 낡은 욕실문

▲ 욕실문 앞면

▲ 욕실문 뒷면

이러한 욕실문을 깔끔한 색의 페인트 칠 한번으로 분위기를 반전시킬 수 있습니다. 욕실문뿐만 아니라 방문이나 현관 등의 문에도 같은 페인트 색으로 동일한 분위기를 연출할 수 있습니다.

페인트 칠은 초보자들의 경우 잘못 바르면 더 흉측해질 수 있기 때문에 페인트 사용 요령이나 칠하기 요령 등을 잘 숙지하고 사용해야 합니다. 참고로 기존의 문 색깔이 진할수록 여러번 페인트 칠을 해야합니다. 욕실문 페인트 칠만 잘 배우면 다른 문에 대한 칠하기 요령은 자연스럽게 얻어질 수 있으므로 잘 따라 해보시고 응용하시기 바랍니다.

• 페인트칠을 하기 전에

뒤에서도 설명하겠지만, 페인트칠을 하고자 할 때, 만약 다시 칠하고자 하는 곳이 에나멜 페인트로 칠해졌다면, 락카 페인트는 사용할 수 없습니다. 락카 페인트를 칠하게 되면 거품이 생겨 도색도 되지 않을 뿐더러 오히려 페인트칠 작업을 망쳐버릴 수 있습니다. 반면 락카 페인트로 칠해진 곳이라면 에나멜 페인트를 덧칠해도 상관은 없습니다. 페인트칠을 하기 전에는 반드시 기존에 칠해진 페인트가 무엇이었는지를 확인한 후 페인트를 선택해야 합니다. 이는 가끔씩 전문가들도 겪는 일이므로 주의해야 합니다.

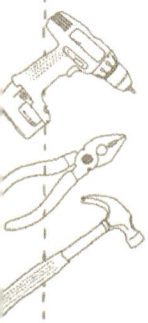

🍋 **작업 단계** : 낡은 욕실문 사포질하기 ▶ 핸디코트로 턱 없애기 ▶ 하도제 칠하기 ▶ 상도제(페인트) 시공하기

① 오래되었거나 습기로 페인트 칠이 벗겨진 욕실문의 자질구레한 부분을 뜯어내고 헤라를 이용하여 거친 부분부터 벗겨냅니다. 페인트 칠을 고려하여 욕실문 손잡이도 제거해 두시는 것이 좋습니다. 손잡이 분해방법은 셋째마당 90쪽에서 배웠으므로 참조하시기 바랍니다.

▲ 너덜너덜한 껍질을 벗겨낸다

▲ 헤라를 사용하여 깨끗이 제거한다

▲ 손잡이를 분해하거나 커버링 해준다

② 거친 부분을 다 벗겨냈다면 이제 문 전체를 사포로 맨들맨들하게 문질러 줍니다. 사포로 문질러 주는 이유는 약하게 붙어있는 목재를 제거하여 페인트의 내구성을 높여주기 위한 것이며, 경화제와 핸디코트를 섞어 벗겨낸 곳에 한번 칠해줍니다. 핸디코트 칠은 벗겨낸 부분과의 높낮이를 균일하게 하기 위함이며, 이 역시 올바른 페인트 칠을 위해 반드시 선행되어야 할 작업입니다.

80방 사포로 부드럽게 문지른다

경화제와 핸드코트를 배합한다

심하게 벗겨진 부분에 발라준다

- **경화제와 핸디코트를 섞는 이유는?**

  속건성 핸디코트에는 경화제가 포함되어 있습니다. 속건성이라는 말이 의미하듯이 핸디코트가 빨리 건조됨을 의미합니다. 경화제와의 배합 비율은 제조사마다 다르므로 사용 설명서를 확인한 후에 배합하는 것이 좋습니다.

❸ 문 주변에 난 작은 흠집도 배합한 핸디코트로 잘 메꿔줍니다. 다음은 나무를 벗겨낸 곳에 핸디코트로 시공한 모습입니다. 시공 후에는 잠시 기다렸다가 한번 더 사포질을 해주어야 합니다.

▲ 문틀에 난 흠집

▲ 핸디코트로 메꿔준다

▲ 배합 핸디코트를 바른 후의 모습

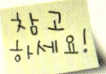

• 핸디코트를 바르는 이유?

벗겨낸 나무재질과 기존의 나무 재질은 서로 높이가 달라 맞지 않습니다. 이 부분을 자연스럽게 채울 수 있는 용도로 핸디코트가 사용됩니다. 핸디코트는 강도가 높고, 빨리 굳는 속건성이 있습니다. 여기에서는 속건성을 사용하였습니다.

147

❹ 핸디코트 시공 후 이제 본격적인 페인트 시공에 들어갑니다. 그러나 들어가기에 앞서 준비해야할 과정이 하나 더 있습니다. 하나가 배합한 핸디코트로 시공한 부분을 320방 사포로 한번 더 문질러 균일하게 다듬어 주는 일 입니다. 그리고 본격적인 페인트 칠을 하기 전에 문 주위를 마스킹 테이프로 감싸주어야 합니다.

▲ 사포로 한번 더 다듬어 준다

▲ 문 주변에 마스킹 테이프를 붙인다

▲ 마스킹 테이프

❺ 본격적으로 페인트칠을 할 차례입니다. 페인트는 신나와 배합(1 : 0.5~1)하여 잘 섞어주어야 하며, 너무 묽지도 않게, 또 너무 되게 해서는 안됩니다. 붓질은 항상 같은 방향으로 위에서 아래로 한번에 칠하는 것이 좋습니다.

▲ 페인트와 신나의 배합

▲ 붓질은 항상 위에서 아래로

▲ 넓은 곳은 유성 로울러를 사용한다

❻ 문짝의 기존 색깔이 진할수록 하얀 페인트 색을 몇 차례 덧칠해주어야 합니다. 기존 문 색깔이 밝은 바탕의 문이라면 2~3회 정도 칠하면 제 색이 나오지만, 어두운 색깔의 문짝이라면 5~6번 정도는 동일한 페인트를 지속적으로 칠해주셔야 합니다.

▲ 처음 칠했을 때

▲ 3번 칠했을 때

▲ 최종적으로 칠했을 때

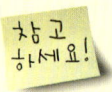

페인트칠 할 때에는 충분히 발라주고 마를 때까지 기다린 후 다시 칠하는 것이 좋습니다. 마르지도 않은 상태에서 덧칠을 하면 페인트 찌꺼기 등이 흘러내리거나 보기 싫게 두툼해져서 깔끔한 모습을 기대하기 어렵습니다.

❼ 마지막으로 페인트 칠을 다하고 마무리한 모습입니다. 문 주변에 붙여두었던 마스킹 테이프도 떼어 버리고 어울릴만한 소품으로 장식을 해보았습니다. 처음 보단 훨씬 우아하고 산뜻한 분위기를 연출할 수 있습니다.

▲ 페인트칠을 끝내고 마스킹 테이프도 떼자

▲ 깔끔하게 변신한 욕실문

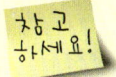

페인트칠에 필요한 페인트 양 계산하기

먼저, 페인트칠 할 곳의 면적을 계산해야합니다. 천정이라면 가로와 세로, 벽면이라며 벽면의 높이와 너비를 재서 전체 면적을 구한 후 창문이나 문의 면접을 빼고 계산하면 됩니다.

전문가라면 경험치로 소요량을 계산할 수 있지만, 초보자라면 아무래도 이론적 수치에 의존해야 할 경우가 많습니다. 구입한 페인트통을 보면 해당 종류의 페인트 1리터로 어느 정도의 면적을 칠할 수 있는지의 이론적 소요량은 표시되어 있습니다. 즉, 칠할 곳의 면적을 그 소요량 기준으로 나누면 필요한 양의 페인트 양을 구할 수 있는데, 가급적 계산적 수치보다 조금 넉넉하게 확보하는 것이 좋습니다.

- 천정 면적 = 가로×세로(길이), 벽면 면적 = 높이×너비−(창문 면적 + 문 면적)
- 필요한 페인트의 양 = (천정 면적+벽면 면적) / 페인트 1리터(또는 1kg)로 칠할 수 있는 면적

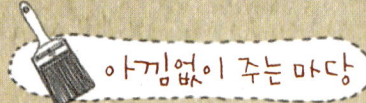 아낌없이 주는 마당

문짝에 패인 홈과 깨진 벽면 어떻게 메울까?

■ 문짝에 패인 홈, 핸디코트로 간단히 메우기

방문이나 가정에서 사용하는 문에 간혹 보기 흉하게 구멍이나 흠집이 나 있는 것을 볼 수 있습니다. 간혹 부부싸움을 하다가 난 흠집일 수도 있으며, 아이들의 장난감 등에 부딪치거나 이사할 때 종종 발생하기도 합니다. 이런 문짝 중앙에 나타난 홈은 보기에도 별로 좋지 않습니다. 페인트칠을 하는 중이라면, 이런 홈 정도는 흔적도 없이 지울 수 있답니다. 앞에서 배운 핸디코트만 잘 사용하면 쉽게 없앨 수 있습니다.

▲ 문에 난 작은 흠집

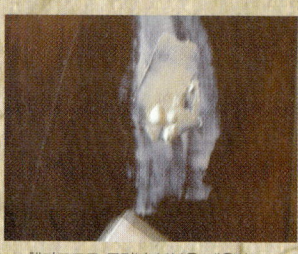
▲ 핸디코트로 구멍난 부분을 메운다

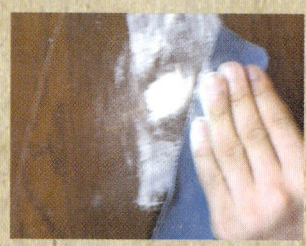
▲ 마른 후 80방 사포로 문지른다

핸디코트를 바른 후에 바로 작업을 하지말고, 속건성이지만 잠깐 건조시킨 다음 320방 사포로 잘 문질러 주면 높이가 균일해져 홈이 말끔이 메워집니다. 그런 다음 페인트칠을 하면 곱게 칠할 수 있습니다. 물론 패인 흔적도 감쪽같이 없애줍니다.

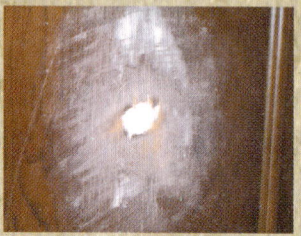
▲ 320방 사포로 균일하게 메워준다

■ 깨진 벽면, 핸디코트로 간단히 메우기

앞에 것과 같은 방법입니다. 보기 싫은 깨진 벽면은 이 핸디코트 하나로도 충분히 커버할 수 있습니다.

적당량의 핸디코트를 깨진 부위에 바르고 헤라로 말씀히 메워줍니다. 이때 벽면이 미색이나 갈색 등의색이 있는 벽면이라면 조색제를 섞어 핸디코트와 배합한 후에 시공하면 감쪽같이 처리할 수 있습니다.

▲ 깨진 벽면

▲ 핸디코트를 바른다

▲ 헤라로 메워준다

▲ 말끔히 메워졌다

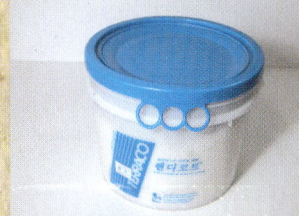
▲ 다용도 퍼티 핸디코트

▲ 조색제와 섞어쓸 수도 있다

■ **망사테이프와 핸디코트로 큰 구멍 메우기**

구멍에 망사 테이프를 잘라 붙입니다. 망사 테이프는 접착 재질에 유리섬유 재질이라 핸디코트 시공 후에는 더욱 견고해집니다.

❶ 망사테이프를 붙인다.

❷ 핸디코트를 바른다.

❸ 망사가 보이지 않을 정도로 핸드코트를 발라준다.

❹ 핸디코트가 마른 후에 사포로 갈아주고 페인트 칠을 한다.

아낌없이 주는 마당

페인트칠에 도움이 되는 상식

■ 페인트칠과 화장의 비교

페인트는 마치 얼굴 화장과 비유하면 쉽게 이해가 됩니다. 아래 표를 비교해 보면 이해가 더욱 쉬울 것 같습니다.

화장	페인트
건강한 피부	좋은 목재
기초 화장(스킨, 로션)	사포질(샌딩작업)
화운데이션	페인트 하도제
색조화장	페인트 상도제

■ 페인트의 선택과 사용법

시중에서 볼 수 있는 페인트는 에나멜, 락카, 우레탄 페인트 등이 있습니다. 각기 특성에 따라 도장 강도가 다르지만, 가정용으로는 에나멜과 락카 페인트를 주로 사용하며, 건조 속도에 있어서 에나멜은 약 6시간, 락카는 약 15분 가량이 걸립니다.

▲ 페인트(락카), 페인트(에나멜)

시중에서 구입한 새 문짝이나, 구입 후 사용하면서 한번도 페인트를 칠하지 않은 문짝에 바로 칠할 수 있는 페인트는 락카, 에나멜입니다.

에나멜 페인트가 칠해진 문짝에는 에나멜 페인트만 가능합니다.(락카 페인트를 칠하면, 기존 페인트가 녹아서 오히려 문짝을 망치게 됩니다.) 기존 페인트가 어떤 페인트인지 모를 때는 에나멜 페인트를 선택하시기 바랍니다.

▲ 에나멜 페인트에 락카를 칠한 모습

시공 전에 살짝 페인트를 칠해본 후 시공하는 것이 좋으며, 페인트 소요량은 문짝 1개당 약 1~1.5 리터가 소요되며, 신나도 비슷한 양이 소요됩니다.

또한 동일한 페인트 계열의 신나를 사용해야만 합니다. 문짝은 어두운 색에서 밝은 색으로 바꿀 때, 가장 많은 양이 소요됩니다. 페인트에는 항상 무광과 유광이 있어, 두 페인트를 혼합 하면, 광이 반 정도 나는 반광을 만들 수 있으며, 마지막으로 칠한 마무리 페인트가 무광인지 혹은 유광 인지에 따라서 각각에 대한 효과를 만들어 낼 수 있습니다.

■ 락카 페인트를 선택할 때

위의 내용대로 만일 락카 페인트를 선택하였다면, 일반 에나멜 페인트에서 볼 수 없는 하도(下塗)제가 하나 더 있습니다. 밑바탕에 칠한다는 뜻으로, 시중에서는 '서페이서'라고 부릅니다.

하도제를 사용하면 상도제가 목재에 스며드는 것을 방지해 줍니다. 게다가 상도제가 목재에 고착하는 역할을 증대시키므로 매우 고운 칠이 가능합니다.

■ 페인트 시공 방법

붓칠과 로울러칠은 약 1/2~1/3 가량 겹쳐서 시공을 합니다.

붓의 경우는 좁은 면을 즉, 방 문짝의 경우는 몰딩이나, 튀어나온 장식 부분을 붓으로 먼저 칠해 줍니다. 붓은 칠을 붓의 목재 부분에 묻지 않게 묻히고, 붓칠은 붓칠할 면의 끝에서 조금 띄어 위로 기울여서 살짝 올려 주며 칠한 후 다시 아래로 주욱 내려 주며 칠합니다.

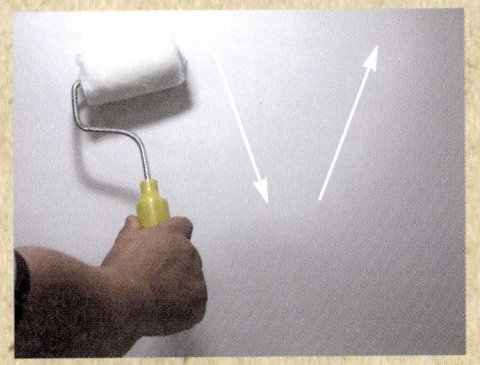

▲ 로울러는 면을 겹쳐 가면서 W자 형태로 칠한다

로울러는 붓이 닿기 힘든 면을 1/2~1/3 가량 겹쳐가며 위 아래로 W자로 시공을 해줍니다.

칠은 가구인 경우 안쪽부터 바깥쪽으로, 문짝과 같은 곳은 좁은 곳에서 넓은 면으로, 위에서 아래 방향으로 얇게 여러 번 처음 칠이 완전히 마른 후 덧칠을 해 줍니다. 마르지 않은 곳에 덧칠을 하게 되면, 칠한 면이 뿌옇게 되거나, 얼룩이 질 수 있고 유광인 경우 광택이 나지 않을 수도 있습니다.

페인트는 옅게 여러 번 칠하는 것과 바탕면의 사포작업이 완성도에 가장 많은 영향을 줍니다. 여러 명이 붓칠, 로울러칠, 핸디코트, 사포질 작업을 분업화하여 하면 빠른 작업이 가능합니다. 락카의 경우 신나의 휘발성이 높으므로, 붓칠을 일반 페인트 보다 빠르게 움직여 줘야 합니다. 덜어서 사용중인 페인트의 농도를 수시로 확인하여 신나를 보충해 주어야 하며, 통풍이 원활하고 건조한 날씨에 시공을 합니다. 백색인 경우에는 약간의 조색제만 혼합하면, 색상을 파스텔 톤으로 살짝 바꿀 수 있습니다.

■ 페인트 시공시 사용되는 부자재들

① 페인트 벽면 보수용 망사테이프 35mmX9m : 넓게 구멍 난 부분을 메울 때 사용합니다.

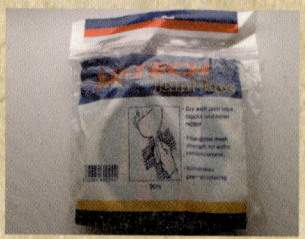 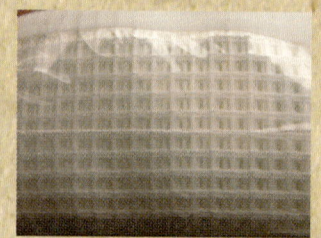

② 페인트 종이 마스킹 테이프 50mmX9m : 벽지나 페인트 시공과의 경계선을 만들 때 사용하며, 부착 후 쉽게 떼어낼 수 있습니다.

③ 페인트 커버링 110mm×20m : 방문 손잡이나 유리와 같이 넓은 면을 가릴 때 사용합니다.

 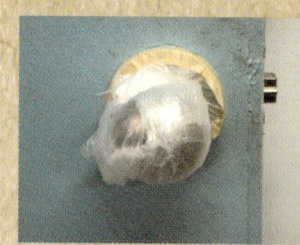

④ 핸디코트 : 벽면이나 나무 문에 나 있는 작은 흉터나 흠집 구멍들을 메워줄 수 있습니다. 주성분이 석회질이라 인체에 무해하며, 수분을 잘 흡수하여 실내 습도조절에도 효과가 있습니다. 또한 얇게 여러 번 바르는 것이 좋으며, 시공 후에는 코팅제를 바르면 더욱 좋습니다.

⑤ 헤라 : 퍼티*를 시공할 때 사용합니다. 낡은 부분을 긁어 내거나 갈리진 틈에 퍼티 등을 메우고 다듬을 때, 흙이나 회반죽을 벽면이나 바닥에 문질러 평평하게 하는데 사용합니다.

❻ 사포 : 80~400방 정도의 사포가 사용됩니다. 단계 별로 거친 사포에서 고운 사포로 마무리가 됩니다. 사포는 방문짝 하나당 4장 사용으로 계산을 해서 구입을 하세요.

❼ 페인트용 로울러 : 평평하고 넓은 면 시공에 사용합니다. 순서대로 유성·수성 겸용과 유성 로울러, 수성 로울러입니다. 수성 로울러는 거칠지만 넓은 부분을 칠할 때 편리합니다.

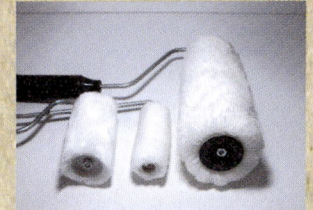

❽ 여러 가지 페인터 붓(브러시) : 좁은 면 시공에 사용합니다. 수성과 유성 페인트용이 있으며, 수성은 폭이 넓고 부드러운 브러시를, 유성은 비교적 빳빳하고 폭이 짧은 브러시를 사용합니다.

❾ 조색제 : 백색 페인트를 다른 색상으로 바꿀 수 있습니다. 에나멜과 락카는 유성조색제를 핸디코트나 수성도료는 수성 착색제를 사용합니다. 착색력이 좋아 소량으로도 원하는 색상을 낼 수 있으며, 여러 색을 섞을 때엔 밝은 색부터 섞어야 합니다.

❿ 페인트 혼합공구 스텐 스펙트라 : 페인트 뚜껑을 따거나 조색을 할 때 사용합니다.

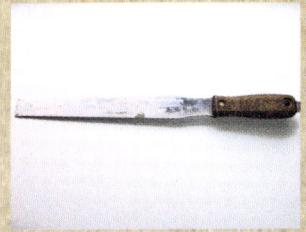

*퍼티(Putty) : 창유리의 장착, 판자의 도장, 철관의 이음새 고정 등에 사용한다. 여기서는 페인트칠을 할 때 바탕면의 구멍이나 틈새를 메우는데 사용하는 것을 말한다.

직접 도전해보는
우리집 수도꼭지 보수

01 주방 싱크대의 원터치식 수도꼭지 카트리지 교환
02 원터치식 주방 수도꼭지 보수하기
03 욕실의 낡은 수도꼭지 보수하기
04 우리집 세면기 수도꼭지 원터치식으로 바꾸기
05 우리집 세면기 통째로 교체하기

여섯째마당
철천지의 30분 집수리 / 중급편

주방도 욕실 못지않게 잔고장이 자주 일어나는 공간입니다. 또한 공간 활용이나 공간의 효율적 사용을 위해 다각적으로 DIY 하기에 여러 가지 아이디어를 연출하여 사용할 수 있는 곳입니다. 이번 장에서는 주방과 욕실 공간의 수도꼭지 고장과 관련하여 문제 발생에 따른 대처법과 교체하는 과정에 대해 배워봅니다.

주방 수도꼭지 교환 등은 욕실의 수도꼭지 교환과 방법적으로 다를 것이 거의 없으므로 생각보다 손쉽게 작업할 수 있습니다. 가급적 주부들이 사용하기 편리한 수도꼭지로 맞춰 보수 및 교체하면 좋습니다. 아울러 약간 난이도가 있는 욕실의 세면대 교체 과정도 배워보도록 하겠습니다.

주방 싱크대의 원터치식 수도꼭지 카트리지 교환

멀쩡하던 주방 싱크대의 원터치식 수도꼭지 손잡이 부분이 졸졸 새거나 냉온수 혼합수가 제대로 나오지 않는다면 수도꼭지의 몸통 속에 있는 카트리지를 먼저 의심해보아야 합니다. 몸통 속의 카트리지는 세 개의 구멍을 번갈아가며 냉온수를 조절해주는 기능을 합니다.

- 작업 시간 : 15분
- 난이도 : ★★☆☆☆
- 재료비 : 3천원~4천원
- 절약비용 : 1만원~1만5천원
- 준비물 : 카트리지, 드라이버, 첼라
- 핵심 공구 : 드라이버
- 작업 순서 ❶ 편심 유니온 잠그기
  ❷ 분해하여 카트리지 교환하기
  ❸ 조립 후 편심 유니온 열기

- 작업 힌트 : 이 작업에서는 수도 계량기까지 잠글 필요는 없습니다. 작업 전에 수도꼭지 몸통 바로 아래에 있는 편심 유니온의 (-)일자로 된 부분을 드라이버로 잠가주면 수돗물 공급이 중단되며, 여기에 수도꼭지를 한번 올려주면 고인 물도 빠지므로 바로 분해해서 교환하면 됩니다.

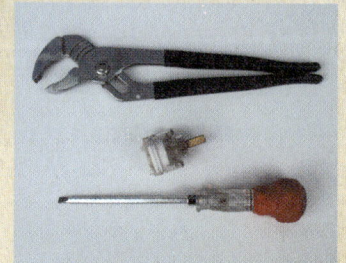

수도꼭지는 손잡이에 따라 목돌림식 수도꼭지와 원터치식 수도꼭지가 있습니다. 원터치식 꼭지를 열면 몸통 속에 소모품이 하나 있는데, 이를 보통 카트리지라고 부릅니다.

이 카트리지는 실리콘 고무 재질로 만들어졌으며, 오래 사용하였을 때에는 마모되어 냉온수 혼합기능이 떨어지거나 수돗물이 졸졸 새기까지 합니다. 주요 기능은 3개의 구멍을 통해 냉온수를 혼합해주는 역할을 합니다.

수도꼭지에서 물이 새거나 냉온수가 혼합불량이면 수도꼭지의 카트리지만 교환해도 간단히 고쳐서 사용할 수 있습니다. 이 카트리지는 제조 회사마다 조금씩 다르기 때문에 맞지 않을 경우가 있으므로 구입할 때 제조사를 알아보거나 맞는 것인지를 확인하고 구입해야 합니다.

▲ 3개의 구멍으로 냉온수를 조절한다

▲ 수도꼭지 몸통에 삽입된 카트리지

참고로 대림 제품 혹은 R-TOTO 제품은 제품번호만 알아도 카트리지를 별도로 구해 직접 설치를 할 수 있습니다. 해당 제조사의 A/S센터를 통해 직접 구매하시면, 저렴하게 구입하여 장기간 사용할 수 있습니다. 요즘에는 일반 철물점에서도 수도꼭지의 카트리지까지도 취급하는 곳이 늘어나는 추세입니다.

▲ 원터치식 주방 수도꼭지

> **참고하세요!**
>
> 주방 수도에는 원터치식(한개 레버식) 수도꼭지 외에 목돌림 핸들식(두개 핸들식) 수도꼭지가 있습니다. 요즘에는 많이 사용하는 품목이 아니지만, 목돌림 핸들식은 수도꼭지를 일일이 돌려서 열어야 하므로 미끄러지기 쉽고, 여성 혹은 노약자에게 불편하므로 선호도가 떨어지는 추세입니다.

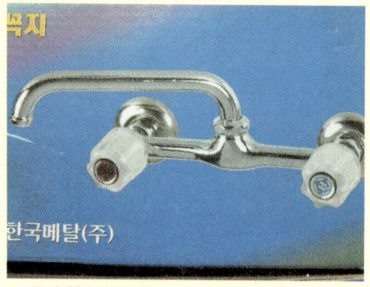
▲ 두개 핸들식(목돌림)

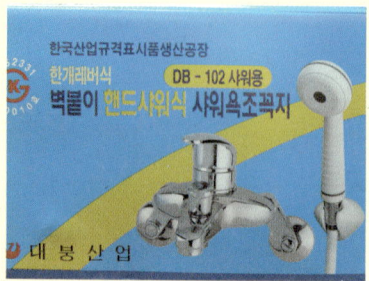
▲ 한개 레버식(원터치)

💡 작업 단계 : 편심 유니온 잠그기 ▶ 고인물 빼내기 ▶ 카트리지 교환 ▶ 유니온 열기

① 편심 유니온의 일자형 볼트를 아래와 같이 드라이버로 돌려 잠궈주세요. 이렇게 잠궈두면 편심 유니온에서 수돗물을 차단하게 됩니다. 이때 양쪽 모두를 잠궈야 하며, 잠근 후에는 수도꼭지를 한번 젖혀 고인 물을 모두 빼내줍니다.

▲ 편심 유니온에서 수돗물 차단하기

▲ 수도꼭지를 젖혀 고인물을 빼낸다

② 수도꼭지 덮개 부분에 상표가 붙은 캡을 드라이버로 분리하여 꼭지 덮개를 열면, 뽀족한 볼트심이 보입니다. 첼라를 이용하여 볼트를 감싸고 있는 뚜껑을 풀어냅니다. 간혹 뚜껑이 열리지 않는 제품도 있으니 주의하시기 바랍니다.

▲ 드라이버로 캡을 분리한다

▲ 캡을 분리한 후 뚜껑을 연다

▲ 첼라로 볼트를 풀어준다

❸ 뚜껑을 풀면 3개의 구멍이 있는 백색 카트리지를 볼 수 있습니다. 안에 있는 흰 카트리지만 교환하고, 분해의 역순으로 캡을 잠그면 교체작업이 모두 끝납니다.

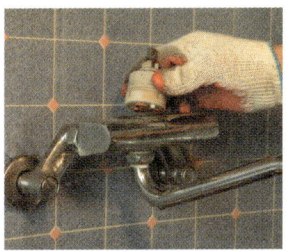

▲ 고장난 카트리지를 교환한다

▲ 냉온수를 조절하는 3개의 구멍이 있다

▲ 교체 후에 다시 조립한다

수도 교환 후 수도 계량기 밸브를 열면 녹가루나 이물질이 망에 걸려서 물이 잘 안 나오는 경우가 있습니다. 이 때는 편심 유니온 하단의 밸브를 돌려서 잠그고 본체를 푼 후 이물질을 제거한 다음 다시 조립하면 됩니다.

철천지의 30분집수리

원터치식 주방 수도꼭지 보수하기

주방 수도꼭지 보수를 모두 3가지 정도의 문제점에서 구성했습니다. 첫째, 수도꼭지만 교환할 때, 둘째 편심 유니온까지 교환할 때, 그리고 셋째 편심 유니온이 싱크대에 닿아 도저히 빼낼 수 없을 때 간단한 보수용 부속으로 쉽게 교환하는 방법입니다.

직접
도전해보는
우리집
수도꼭지 보수

162

- **작업 시간** : 15분~30분
- **난이도** : ★★☆☆☆
- **재료비** : 1만5천원 ~3만원
- **절약비용** : 3만원
- **준비물** : 한개 레버식 주방용 수도꼭지, 몽키스캐너 12인치, 첼라, 파이프렌치, 드라이버, 테프론 테이프
- **핵심 공구** : 몽키스패너
- **작업 순서**
  ❶ 수도 계량기 잠그기
  ❷ 수도꼭지, 편심 유니온 분해
  ❸ 수도꼭지, 편심 유니온 조립
  ❹ 수도 계량기 열기

- **작업 힌트** : 주방 수도꼭지든 욕실 수도꼭지든 일단 교체하기로 마음먹었다면 반드시 기존의 수도꼭지 연결 구조와 수도꼭지 몸통 아래에 있는 편심 유니온이 암나사로 되어 있는지, 수나사로 고정되어 있는지 확인해봐야 합니다. 새로 구입한 것이 엉뚱한 나사구조라면 교체하기가 어렵기 때문입니다.

주방 수도꼭지를 보수 할 때 수도꼭지만 교체하는 경우와 편심 유니온까지 모두 교체할 때가 있습니다. 기존의 편심 유니온까지 바꿀 필요가 없다면 수도꼭지 부분만 교체하면 됩니다. 다음은 위 두 가지 상황에 비춰서 따라할 수 있도록 연출하였습니다.

1. 수도꼭지만 교환할 때

앞서 원터치식 주방 수도꼭지의 카트리지 교환에서 몇 가지 분해 방법을 배웠습니다. 그 방식대로 하면 크게 어려울 것은 없습니다.

다음의 작업의 이해를 위해 편심 유니온에 대해서 좀더 설명을 하겠습니다. 제품에 함께 들어 있는 편심 유니온은 벽면에 고정 것이라면 모두 15mm 수나사로 벽면의 암나사와 연결하게 되어있습니다. 그러나 편심과 수도꼭지 몸체와 연결하는 부분은 시중에 두 가지 종류의 제품이 있으므로 주의해야 합니다.

①의 편심 유니온은 수도꼭지 몸체와 연결하는 부분이 암나사로 되어 있지만, 나사의 크기가 서로 다른 두 종류의 것이 있습니다.

②의 편심 유니온 수도꼭지 몸체와 연결하는 부분이 수나사로 된 제품입니다.

▲ 암나사용 편심 유니온과 수나사용 편심 유니온

편심 유니온을 교체하기 위해 구입할 때에는 기존에 사용하는 편심 유니온을 잘 보고 선택해야 합니다. 수도꼭지를 암나사에서 통째로 바꿀 거라면 어느 것을 구입해도 관계는 없습니다.

그러나 주방 수도의 경우 싱크대의 간섭으로 편심 유니온을 분리하기 곤란한 경우도 있습니다.

▲ 편심 유니온이 싱크대에 걸려 분리하기가 어려운 모습(195쪽 참조)

작업 단계 : 편심 유니온 잠그기 ▶ 수도꼭지 해체하기 ▶ 새 수도꼭지 설치하기 ▶ 편심 유니온 열기

❶ 편심 유니온 양쪽 하단의 1자 밸브를 드라이버로 돌려 잠궈 더 이상 물이 나오지 않도록 합니다.

▲ 편심 유니온에서 수돗물을 잠근다

▲ 수도꼭지를 젖혀 고인물을 빼낸다

❷ 그리고 몽키스패너를 이용하여 편심 유니온으로부터 수도꼭지 몸통을 통째로 분리합니다. 분리하고 나면 벽면에 편심 유니온만 붙어있는 것을 볼 수 있습니다.

▲ 몽키스패너로 몸통을 분해

▲ 몸통을 편심 유니온에서 분리

▲ 몸통을 떼어낸 모습

❸ 교체할 새 수도꼭지의 몸통 크기에 맞춰 기존의 편심 유니온의 넓이를 조정한 후에 새 수도꼭지 몸통을 조립하여 교체 작업을 완료합니다.

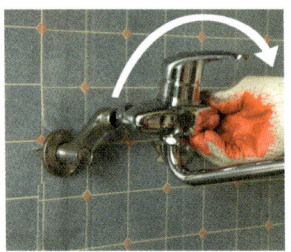
▲ 새 수도꼭지를 편심 유니온에 끼운다

▲ 완성된 모습

 원터치 수도의 몸통은 암나사로 파인 타입과 숫나사가 튀어나온 타입 두 종류인데 벽면에 타일을 시공하거나 싱크대 선반에 걸려서 편심 유니온 해체가 어려운 경우엔 연결부속을 사용해서 몸통만 끼워주는 것도 편리한 방법이 될 수 있습니다.

▲ 두 가지 타입의 수도 몸통

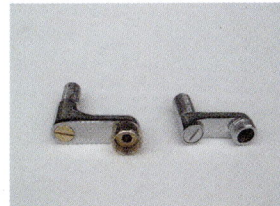
▲ 두 가지 타입의 편심 유니온

▲ 암나사, 수나사의 연결 부속

2. 편심 유니온과 수도꼭지를 교체할 때

편심 유니온 자체까지 몽땅 교체할 때의 작업 과정입니다. 동일한 과정은 생략하므로 앞에서 다뤘던 과정을 숙지하시고 따라하시기 바랍니다.

- 작업 시간 : 20분
- 난이도 : ★★★☆☆
- 재료비 : 1만5천원~3만원
- 절약비용 : 3만원
- 준비물 : 한개 레버식 주방용 수도꼭지, 편심 유니온, 테프론 테이프, 파이프렌치, 첼라, 몽키스패너

🔸 작업 단계 밸브 잠그기 ▶ 수도꼭지 해체하기 ▶ 편심 유니온 교체하기 ▶ 수도꼭지 몸체 교체 ▶ 밸브 열기

① 계량기 밸브를 잠그고, 수도를 열어 내부에 고인 물을 빼내세요.

수도꼭지를 열어 고인물을 빼낸다

❷ 원터치식 수도꼭지 몸통의 육각 볼트 부분을 몽키스패너로 돌려서 몸통을 분리하면, 아래 사진처럼 편심 유니온이 고정되어 있습니다. 이 유니온을 돌려서 빼내면 벽면에는 암나사가 나옵니다. (수도를 설치 할 때는 암나사 상태에서 시작해서 설치하는 것이 원칙입니다.)

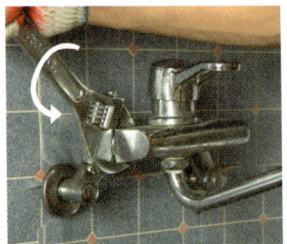 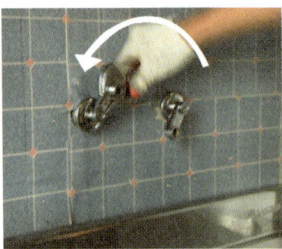 

▲ 몽키스패너로 수도꼭지를 분리   ▲ 편심 유니온도 분리한다   ▲ 벽면에 암나사 배관만 남는다

오래된 배관은 쉽게 빠지지가 않으므로 녹슨 부분은 윤활유를 뿌리거나, 파이프렌치를 이용하여 힘껏으로 돌려주어야 합니다.

목돌림 핸들식 수도꼭지를 원터치식 수도꼭지로 교환할 때에는 벽에 고정되어 있는 유니온까지 모두 교환해야 합니다. 오른쪽의 사진에서 보다시피 한개 레버식(원터치)과 두개 레버식(목돌림)은 큰 차이가 있습니다.

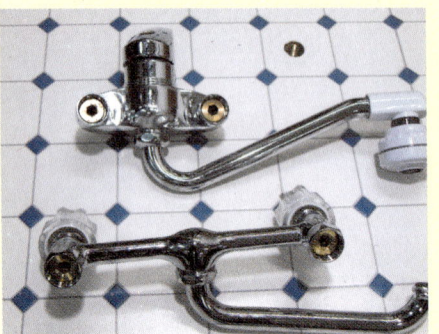

▲ 한개 레버식과 두개 레버식 수도꼭지 비교

❸ 새 원터치 수도에 동봉된 편심 유니온을 테프론 테이프로 감고, 몽키스패너 등의 공구로 고정을 합니다. 양쪽 편심 유니온 2개를 고정하는데, 편심 유니온이 튀어나온 높이를 서로 맞춰야 몸체와 조립이 쉽습니다. 간혹, 배관이 삐뚤어진 곳이 있어 수평이 안되는 경우가 있는데, 이런 경우에도 튀어 나온 높이를 맞춰주어야 합니다.

▲테프론 테이프 감기　　▲편심 유니온을 벽면 배관에 고정　　▲수도꼭지 연결 밸브에 고무 패킹 삽입

❹ 몸체부분에 고무 패킹을 끼우고 몽키스패너 등으로 조여 조립을 완성합니다.

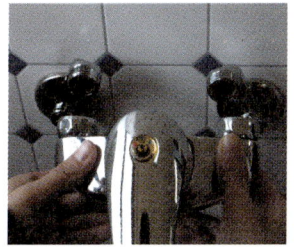  

▲편심 유니온에 수도꼭지 몸통 삽입　　▲고정이 완료되었다　　▲새 수도꼭지 교체 완료

나사산이 망가져 누수 현상이 일어나면 수도꼭지 전체를 바꾸어야 합니다. 그러므로 첼라나 파이프렌치 작업시 편심 유니온이나 수도꼭지 몸통의 나사산이 파괴되지 않도록 주의하시기 바랍니다.

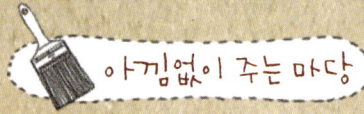

테프론 테이프 감는 방법

① 먼저 나사 끝에 묻어있는 먼지나 이물질을 깨끗이 제거하세요.

▲ 테프론 테이프

▲ 나사산의 이물질을 깨끗이 제거

② 삽입되는 앞부분 나사의 요철 있는 부분을 나사산이라고 하는데 나사산의 앞부분부터 시작해서 감아나가는데 약간 겹쳐지도록 테이프를 감으세요. 나사산대로 하지 않으면 암수나사를 결합할 때 테이프가 풀릴 수 있습니다.

▲ 테프론 테이프를 탱탱하게 당긴다   ▲ 당기면서 감아준다

③ 테이프를 첫 나사산 밖으로 감지 않도록 주의하세요. 잘려나간 테이프가 관으로 흘러서 이물질로 남을 수 있기 때문이죠. 나사산 주위에 다 감았으면 겹치는 부분을 눌러준다.

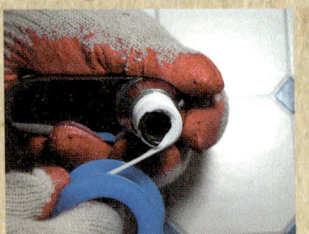
▲ 잘못 감은 테프론 테이프의 모습

▲ 나사산 결대로 감아준다

▲ 제대로 감은 테프론 테이프 모습

3. 보수용 부속으로 한개 레버식 수도꼭지 교환하기

- 작업 시간 : 20분
- 난이도   : ★★☆☆☆
- 재료비   : 1만5천원~3만원
- 절약비용 : 3만원
- 준비물   : 한개 레버식 주방용 수도꼭지,
  보수용 부속(니플, 편심 유니온), 몽키스패너

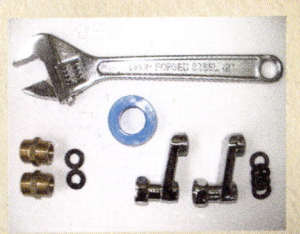

문제가 생긴 주방의 수도꼭지를 교환하고자 할 때에는 여러 가지 방법이 있습니다. 앞서 수도꼭지에서 카트리지만 교환하는 방법과 편심 유니온과 수도꼭지, 그리고 수도꼭지만 교환하는 방법을 배웠습니다.

그런데 문제는 주방 수도꼭지를 교환하려고 하는데 불가피한 상황이 발생했을 경우입니다. 첫째는 주방 수도꼭지를 지탱해주는 편심 유니온을 분해하고자 하는데 주방 싱크대에 걸려 뺄 수 없을 경우가 있습니다.

▲ 편심 유니온이 싱크대에 걸려 분해할 수가 없을 때

위와 같은 상황에 직면하는 집이 종종 있습니다. 이럴 때에는 새로 구입한 주방 수도꼭지를 못 쓰게 되는 건 아닐까 하고 당황해 하는데, 보수용 부속(보수용 니플이라고도 함)을 이용하면 쉽게 해결할 수 있습니다. 참고로 다음 페이지 좌측 사진 보수용 니플 부속의 외경 지름은 20.8mm, 우측 사진의 보수용 니플이 삽입되는 부분의 암나사 내경은 23.2mm입니다.

▲ 보수용 부속(보수용 니플)

▲ 보수용 부속을 편심 유니온에 결합하는 모습

두 번째는 편심 유니온이 주방 수도꼭지 벽면에 파묻혀 도저히 분해할 수 없는 경우입니다. 이는 처음 시공시 작업했던 분들이 아예 교체할 것을 예상하지 않고 반영구적 상태로 묻어두었기 때문입니다. 이럴 때에는 보수용 편심 유니온만으로 간단히 교체할 수 있습니다.

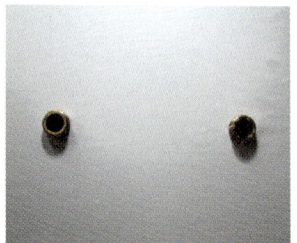

▲ 벽 속에 묻혀 수나사만 보인다

▲ 수나사에 암나사용 편심 유니온을 삽입

▲ 편심 유니온을 삽입한 모습

1 위의 상황을 이해하였다면 기존의 교체하기 어려운 편심 유니온에 위에 보수용 부속을 고정해야 합니다. 사진처럼 보수용 부속을 몽키스패너로 꽉 고정합니다.

▲ 둘다 수나사가 맞지 않는다

▲ 보수용 부속으로 연결한다

▲ 몽키스패너로 조여준다

❷ 교체할 한개 레버식 수도꼭지에 고무 패킹을 삽입한 후 보수한 편심 유니온에 결합합니다.

▲ 수도꼭지에 고무 패킹을 삽입한다   ▲ 위치와 사이즈를 재본다   ▲ 위치를 맞춰 몸통을 삽입한다

❸ 이제 결합한 수도꼭지가 단단히 고정되도록 몽키스패너를 이용하여 나머지 연결 볼트를 조여 주고, 확인합니다.

▲ 수도꼭지 몸통과 편심 유니온 연결 볼트를 조인다   ▲ 완성된 모습

철현지의 30분집수리

욕실의 낡은 수도꼭지 보수하기

오래된 욕실 수도꼭지라면 크게 두 가지로 생각할 수 있습니다. 고무 패킹이 닳아 물이 졸졸 샐 때와 목돌림식, 즉 두개 레버형으로 설치된 구형 수도꼭지를 원터식으로 교체할 때입니다. 신형으로 나오는 원터식은 샤워기까지 설치할 수 있어 비교적 편리합니다.

- 작업 시간 : 10분~20분
- 난이도 : ★★☆☆☆
- 재료비 : 2만원~3만원
- 절약비용 : 3만원
- 준비물 : 한개 레버식 욕실 수도꼭지, 테프론 테이프, 샤워기, 첼라, 몽키스패너, 파이프렌치
- 핵심 공구 : 몽키스패너
- 작업 순서
  ❶ 수도 계량기 잠그기
  ❷ 수도꼭지 분해하기
  ❸ 수도꼭지 조립하기
  ❹ 샤워기(대) 설치하기
  ❺ 수도 계량기 열기

- **작업 힌트** : 주방 수도꼭지 교환과 다를 것은 하나도 없습니다. 이것도 신형 원터치식으로 구입할 때에는 편심 유니온의 상태가 암나사 형태인지 수나사 형태인지를 잘 식별한 후에 구입해야 합니다.

수도는 손잡이에 따라서 두개 레버식(목돌림)과 한개 래버식(원터치) 꼭지가 있습니다. 손잡이의 목을 돌려서 물을 틀고 잠근다 하여 목돌림식 꼭지입니다. 반면 원터치 꼭지는 위로 치켜 세우거나 내려서 한번에 물을 틀고 잠근다 하여 원터치식 꼭지라고 합니다.

▲ 목돌림식 수도꼭지

▲ 원터치식 수도꼭지

목돌림식 꼭지는 미끄러운 손으로는 잘 돌아가지는 불편한 때문에 요즘에는 원터치식 꼭지를 주로 선호합니다. 원터치식 꼭지와 목돌림식 꼭지는 서로 폭이 다를 뿐 아니라 목돌림식 꼭지가 아래의 사진처럼 원터치식 보다 좀 넓어 보입니다. 원터치식 꼭지에는 이런 넓이를 조절 할 수 있는 편심 유니온이라는 별도의 제품이 포함 되어 있어, 편심 유니온으로 이런 넓이를 조절 할 수가 있습니다.

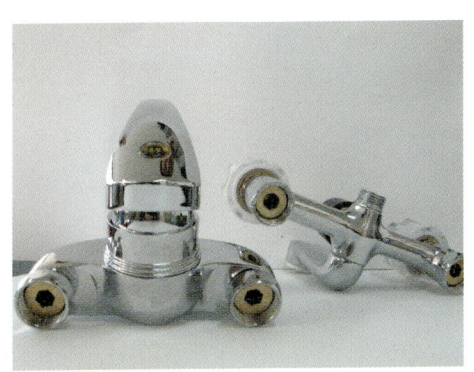

▲ 서로 다른 방식의 욕실 수도꼭지

▲ (좌)원터치식 편심 유니온 (우)목돌림식 편심 유니온

물론, 목돌림식에도 편심 유니온은 있지만, 원터치식 꼭지의 그것보다는 짧고 수도 몸체와 연결되는 크기가 서로 호환이 되지 않습니다. 결국 목돌림식 꼭지를 원터치식 꼭지로 교환하기 위해서는 몇 가지 사전 지식이 필요합니다.

이번 장에서는 욕실 수도꼭지 보수에 필요한 여러 가지 상황을 재현하여 설명하겠습니다.
수도꼭지 고무 패킹만 교환할 경우와 목돌림식을 원터치식 수도꼭지로 교체, 설치하는 방법, 그리고 샤워기 및 샤워기대 설치까지 3가지 상황을 나누어 보여드리겠습니다.

1. 졸졸 새는 수도꼭지의 고무 패킹 교체하기

졸졸 새는 수도꼭지의 원인은 수도꼭지 안에 있는 고무 패킹이 노후 되어 밀폐작용을 제대로 시켜주지 못해 발생합니다. 이렇게 졸졸 새는 수돗물은 수도 계량기에 표시가 안날정도로 극히 소량에 불과하지만, 시간이 지날수록 작잖은 수도세가 낭비됩니다.

이럴 때 작은 고무 패킹 하나만 교환해주면 굳이 비싼 수도꼭지를 통째로 교환할 필요 없이 손쉽고 저렴하게 문제점을 해결할 수 있습니다.

원터치 방식의 수도꼭지든 목돌림 방식의 수도꼭지든 내부에는 반드시 작은 몇 개의 소모품이 있습니다. 이 소모품 교환만으로도 기존의 수도꼭지를 그냥 버리지 않고 오래 사용할 수 있습니다. 다음과 같이 수도꼭지에서 고무 패킹 교환하는 것을 배워둠으로써 어떠한 방식의 수도꼭지라도 누구나 쉽게 고칠 수 있습니다.

- 작업 시간 : 15분
- 난이도 : ★☆☆☆☆
- 재료비 : 100원
- 절약비용 : 1만원
- 준비물 : 고무 패킹, 첼라, 드라이버, 펜치
- 핵심 공구 : 드라이버

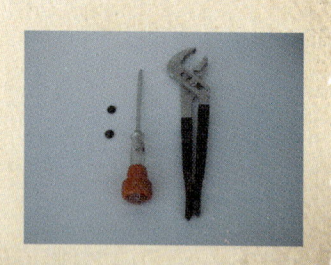

🍋 작업 단계 : 캡과 육각 마개 분해 ▶ 고무 패킹 교체 ▶ 육각 마개 및 캡 조립하기

1️⃣ 먼저 계량기 수도 밸브를 잠그고, 수도를 열어 안에 고여 있는 물을 모두 빼냅니다. 수도꼭지에 상표가 붙은 캡을 드라이버를 이용하여 제거하면, 캡 뒤에 볼트 머리가 붙어 있는 것을 볼 수 있습니다. 캡을 제거하였다면 볼트를 풀러냅니다.

▲ 수도꼭지 핸들을 나사로 돌린다

▲ 수도꼭지 핸들을 빼낸다

▲ 첼라로 볼트를 분해한다

❷ 볼트를 풀려면 먼저 육각 마개를 분해해야 합니다. 첼라를 이용하여 이 육각 마개를 돌려서 분해합니다. 오래된 것이라면 분해하는데 좀 힘들지만, 마개를 분해하면 볼트의 고무 패킹이 달린 철심(봉)이 나옵니다.

▲ 육각 볼트를 분해하였다

▲ 교체할 고무 패킹을 꺼낸다

▲ 봉끝에 달린 낡은 고무 패킹

❸ 봉 끝에 달린 고무 패킹을 펜치 등으로 제거하고, 새 고무 패킹을 끼웁니다. 참고로 물에 팽창한 이전 고무 패킹은 새 고무 패킹보다 약 1.5배 정도가 큽니다.

▲ 손이나 펜치로 고무 패킹을 빼낸다

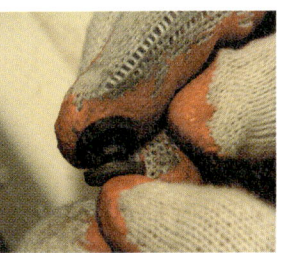
▲ 새 고무 패킹을 봉에 끼운다

▲ 새 고무 패킹 교체 완료

❹ 새 고무 패킹을 달았다면, 봉(철심)을 끼우고 분해의 역순으로 육각 마개와 캡을 덮고 돌려 꽉 조여줍니다. 그리고 나사를 핸들에 박고 캡을 붙여줍니다.

▲ 봉을 삽입한다

▲ 핸들을 조립하고 나사를 끼운다

▲ 캡을 덮으면 교체가 모두 끝난다

2. 목돌림식에서 원터치 방식의 수도꼭지로 교체하기

목돌림식 욕실 수도꼭지를 한개 레버식(원터치) 수도꼭지로 교체해보겠습니다. 고무 패킹을 포함한 수도꼭지를 전체와 편심 유니온까지 갈아야 합니다.

- 작업 시간 : 30분
- 난이도 : ★★★☆☆
- 재료비 : 2만원~3만원
- 절약비용 : 3만원
- 준비물 : 한개 레버식 수도꼭지, 샤워기, 편심 유니온, 첼라, 몽키스패너, 테프론 테이프
- 핵심 공구 : 첼라

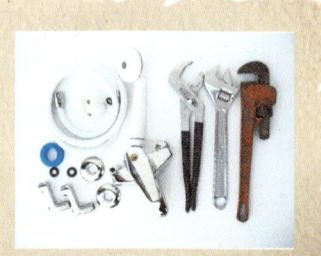

💬 작업 단계 : 기존 수도꼭지 분해 ▶ 편심 유니온 교체 ▶ 원터치식 수도꼭지 조립

1 수도 계량기 밸브를 잠그고, 수도를 돌려 수돗물이 공급되지 않도록 합니다.

▲ 수도 계량기를 연다

▲ 손을 넣어 계량기를 잠근다

2 목돌림식 수도꼭지 몸통의 육각 볼트 부분을 몽키스패너로 돌려서 분리하면, 아래 사진처럼 편심 유니온이 고정되어 있는 것을 볼 수 있습니다.

▲ 몽키스패너로 육각 볼트 분해

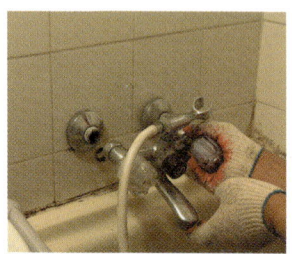

▲ 수도꼭지 몸통을 떼낸다

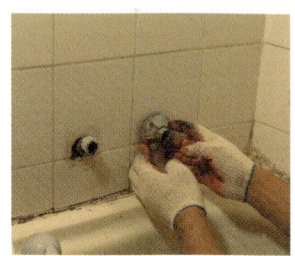

▲ 편심 유니온이 박혀있다

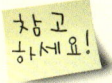

- **한번 크기를 맞춰보세요**

  벽에 붙은 암나사에 수도꼭지의 사이즈가 안맞을 때에는 편심 유니온으로 크기를 맞춰야 합니다. 새 수도꼭지의 크기가 벽에 붙은 암나사와 맞을 때에는 상관 없지만, 맞지 않을 때에는 편심 유니온을 이용하여 크기를 조절할 수 있습니다.

❸ 편심 유니온을 제거하면 다음과 같이 암나사 두개만 남습니다. 이 암나사를 몽키스패너로 돌려 모두 제거해야 하는데, 녹이 슬어 쉽게 빠지지 않기 때문에 윤활유나 헝겊 등을 사용하여 돌리면 좀 더 쉽게 뺄 수 있습니다.

▲ 암나사도 분리한다   ▲ 암나사 분리   ▲ 빠지지 않을 땐 윤활유를 사용

❹ 벽에 붙은 암나사를 모두 제거한 후 교체할 새 편심 유니온에 테프론 테이프를 감아 줍니다

  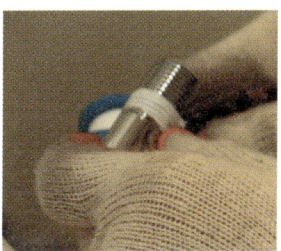

▲ 다른 한쪽도 분해한다   ▲ 모두 제거한 암나사 구멍   ▲ 교체할 편심 유니온에 테프론 감기

> **참고하세요!**
>
> 벽면 암나사를 분리한 후 벽면의 구멍을 조심스럽게 잘 청소해주는 것이 좋습니다. 이미 낡아 자칫 구멍이 파손될 위험이 있으므로 헝겊이나 솔 등으로 청소해주면 좋습니다. 특히 녹이 많이 슬고 좀처럼 닦기 어려운 부분이므로 교체할 때 잘 닦아주면 욕실과 수도꼭지 청결유지에 도움이 됩니다.

❺ 벽에 연결된 수도 배관에 테프론을 감은 새 편심 유니온을 끼웁니다. 다른 한쪽의 편심 유니온에도 테프론 테이프를 감아 몽키스패너 등으로 꽉 조여 고정합니다.

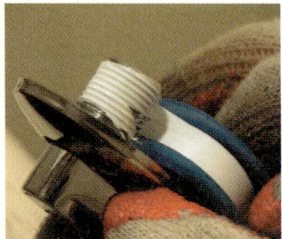
▲ 테프론 테이프를 감았다

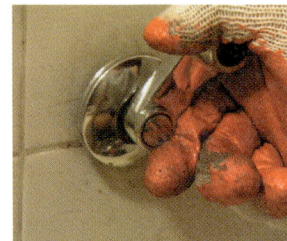
▲ 벽속 연결 배관에 끼운다

▲ 나머지 한쪽도 마저 끼운다

❻ 편심 유니온을 모두 조립하였다면 사이즈를 조절하여 원터치식 수도꼭지를 맞춰 조립합니다. 그리고 육각 볼트를 조여 단단히 몸통을 고정합니다.

▲ 수도꼭지 몸통에 고무 패킹을 삽입

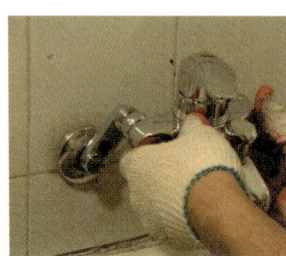
▲ 새 편심 유니온에 끼운다

▲ 연결 전 육각 볼트를 조인다

❼ 다음은 샤워기 줄을 연결합니다. 새 수도꼭지 몸통 아래쪽에 샤워기와 연결할 수 있는 홈이 있습니다. 샤워기에 연결된 육각 볼트에 고무 패킹을 끼우고 연결하면, 샤워기 설치까지 모두 마무리가 됩니다.

 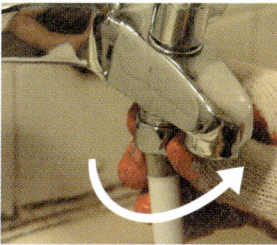 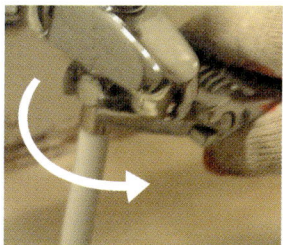

▲ 샤워기에 고무 패킹 삽입　　▲ 수도꼭지 아래에 끼워준다　　▲ 몽키스패너로 고정한다

❽ 벽면의 편심 유니온의 교체부터 원터치식 수도꼭지까지 모두 교체하여 완성합니다.

▲ 원터치식 수도꼭지 교체 완료

3. 슬라이드바(샤워기 걸이) 설치하기

슬라이드바가 없어서 깔끔하게 정리되지 않고 방치된 샤워기 호스를 볼 대가 있습니다. 깔끔한 욕실을 유지하기 위해 보기에도 좋은 슬라이드바를 설치해보겠습니다.

요즘에는 저렴하고 예쁜 다양한 것들이 많이 나와 있기 때문에 선택의 폭도 넓습니다. 게다가 간단한 공구 몇 개로도 충분히 설치가 가능하기 때문에 손쉽게 설치할 수 있는 장점도 있습니다.

- 작업 시간 : 15분
- 난이도　　: ★★☆☆☆
- 재료비　　: 2만원
- 절약비용 : 2만원
- 준비물　　: 슬라이드바, 플라스틱 앙카, 드릴, 드라이버 비트, 줄자

작업 단계 : 설치 위치 정하기 ▶ 타일에 구멍 뚫기 ▶ 슬라이드바 설치하기

① 먼저 고정할 위치를 정해야 합니다. 가족의 평균키를 감안하여 너무 높지도 낮지도 않게 위치를 잡아주는 것이 좋습니다. 샤워기대를 대보면서 못이나 연필로 고정할 곳을 표합니다. 타일에 못을 박아야 하므로 플라스틱 앙카나 스텐 나사못으로 박는 것이 훨씬 안전합니다.

▲ 슬라이드바 위치 잡기

▲ 드릴로 적당한 구멍을 뚫는다

▲ 플라스틱 앙카 삽입

❷ 위 아래 수평을 맞추고, 표시해두었던 곳에 드릴로 구멍에 플라스틱 앙카를 박은 뒤 드라이버나 드릴을 이용하여 슬라이드바를 고정합니다.

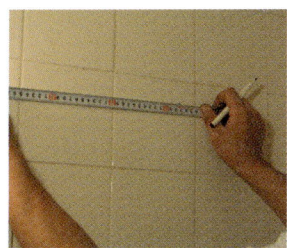
줄자로 다시 수평 확인

아래에도 구멍을 뚫어준다

슬라이드바를 고정한다

❸ 같은 방법으로 아래 부분까지 고정하면 쉽게 슬라이드바를 설치할 수 있습니다. 방치된 샤워기 호스를 이렇게 깔끔하게 정리할 수 있고, 높이 조절은 물론 각도 조절과 비누받이까지 있어 더욱 편리합니다.

슬라이드바 고정 작업 완료

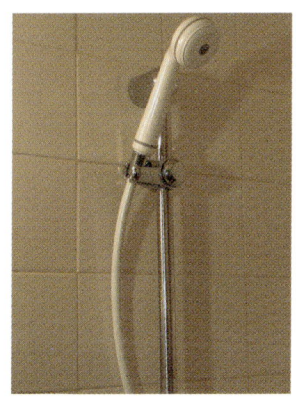
샤워기를 달아보자

수도꼭지에서 샤워기 슬라이드바 연결

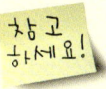
타일 위에 무엇인가를 설치할 때에는 수직과 수평을 잘 맞춰주어야 합니다. 이럴 때 타일의 줄눈을 기준으로 설치하면 효과적입니다. 타일 속에 묻힌 배관도 고려하셔서 수도 배관과 수직 수평부분은 드릴 작업할 때 가급적 피하시기 바랍니다.

우리집 세면기 수도꼭지 원터치식으로 바꾸기

낡아서 졸졸 새는 세면기 수도꼭지나 오래된 목돌림식 두개 레버형 수도꼭지를 원터치식 수도꼭지로 바꿔보세요. 찬물과 더운물이 혼합되어 나오므로 겨울에도 전혀 불편하지 않습니다.

직접
도전해보는
우리집
수도꼭지 보수

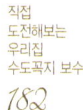

- 작업 시간 : 20분
- 난이도   : ★★★☆☆
- 재료비   : 2만원
- 절약비용 : 2~3만원
- 준비물   : 첼라(혹은 몽키스패너),
            세면기 조절대 2개,
            일회용 비닐장갑,
            반코팅 장갑, 새 수도꼭지
- 핵심 공구 : 첼라
- 작업 순서 ❶ 앵글밸브 잠그기
           ❷ 기존 세면기 수도꼭지
              분리하기기
           ❸ 교체할 수도꼭지 조립하기
           ❹ 세면기 조절대 연결하기

• 작업 힌트 : 두개 레버식의 구형 수도꼭지를 한개 레버식 신형으로 바꿔야 하는지를 먼저 파악해야 합니다. 자칫 기존의 세면기와 세면기 아래를 연결하는 배관(트랩)도 바꿔야 할지도 모릅니다. 공사가 커질 수 있으므로 교체할 부위와 수도꼭지를 잘 파악한 후 준비해야 합니다.

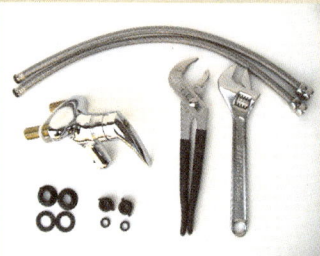

▲ 두개 레버식 수도꼭지

▲ 한개 레버식(원터치식) 수도꼭지

세면기에는 두 종류의 수도꼭지가 있습니다. 바로 구형 세면기와 신형 세면기이죠. 구형 세면기에는 원터치식 수도꼭지를 설치할 수 없고, 팝업도 설치할 수 없어서 세면기도 함께 교환해야 합니다.

여기에선 낡은 수도꼭지를 원터치식 수도꼭지로 교체하는 작업을 해보겠습니다. 일반 수도도 같은 방법으로 적용시키면 되므로 다른 수도꼭지에서 응용하셔도 좋습니다. 그리고 세면기 부속들은 표준화가 되어있어서 부속이 맞지 않는 일도 거의 없습니다. 세면기 수도는 주방이나 욕조 등의 다른 수도에 비해 교환이 용이한 편입니다. 특별한 장비가 필요 없고 몽키스패너 하나만 있으면 충분히 해결할 수 있습니다.

작업 단계 : 앵글밸브 잠금 ▶ 기존 세면기 수도 꼭지 분리 ▶ 새 수도 꼭지 고정 ▶ 세면기 조절대 연결

1 세면기 밑의 벽면에는 관붙이 앵글밸브가 설치되어 있는데, 벽면의 수도 파이프와 세면기 파이프를 연결하는 밸브입니다. 이 밸브를 잠그면 수도를 틀어도 물이 새어 나오지 않습니다. 이 밸브를 먼저 잠그세요.

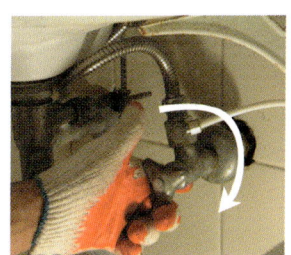

▲ 앵글밸브 잠그기

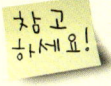

구형 세면기 수도꼭지는 팝업이 없으므로 고무마개로 물의 배출을 조절합니다. 또한 온수와 냉수가 각각 나오는 2개의 꼭지를 사용하므로 냉온수를 수동으로 조절해야 합니다. 반면 신형 세면기 수도꼭지는 팝업을 이용하여 배수할 수 있습니다. 그리고 온수와 냉수를 하나의 꼭지로 조절할 수 있기 때문에 편리합니다. 참고로 배관이 벽면으로 고정된 P형 트랩도 있습니다.

▲ P형 트랩

② 세면기 수도꼭지를 열어 고인 물을 빼내고 조절대를 앵글밸브에서 분리하여 풀어냅니다.

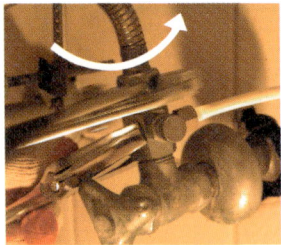 

▲ 조절대를 푼다　　　　　　▲ 앵글밸브에서 떼어낸다

▶ 세면기 수도는 다른 수도에 비해 간단하지만 작업 자세가 편하지 않습니다. 게다가 무리한 힘을 가하면 세면기가 깨질 수 있으므로 공구는 가급적 바닥에 두는 등 세심한 주의가 필요합니다.

▶ 세면기와 같이 아래에서 나사를 돌리는 경우는 나사 방향이 헷갈리는 경우가 많습니다. 나사 회전 방향에 주의하세요.

③ 앵글밸브에서 조절대를 풀고, 세면기 밑둥에 있는 조절대 상단을 분리합니다. 그리고 조절대와 연결되었던 수도 고정 너트와 고무 패킹도 모두 분리합니다.

▲ 수도에 연결된 조절대 상단　▲ 수도 고정 너트를 푼다　▲ 고무 패킹도 풀어준다

④ 세면기 밑둥의 수도 고정 너트를 풀면 세면기 수도꼭지가 완전히 분리됩니다.

▲ 수도 꼭지를 분리　　　　　▲ 모두 분리된 모습

❺ 새 수도꼭지를 세면기 위에서 끼우고, 세면기 밑둥에 수도 고정 너트를 조절대와 함께 연결합니다. 물론 조절대 연결전에 고무 패킹도 함께 끼워주어야 합니다. 이때 사용하는 공구는 첼라입니다. 그리고 분해 때와 마찬가지로 조절대 하단 부위를 벽에 연결된 앵글밸브와 연결하면 작업은 완료됩니다.

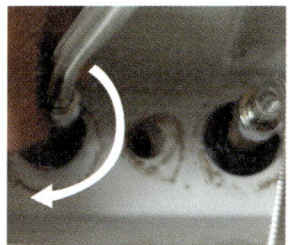
▲ 세면기 밑에 조절대를 수도 고정너트와 연결한다

▲ 연결한 조절대를 첼라로 조인다

▲ 앵글밸브에 연결하는 모습

참고하세요!

새 조절대를 사용할 때에는 테두리원 안의 부속은 남는 부속이므로 사용하지 않아도 됩니다.

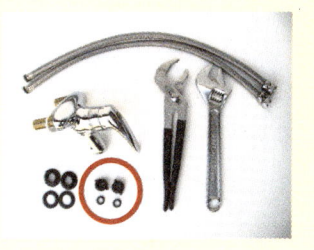

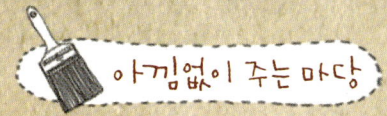

수도꼭지의 종류와 고장진단

2~3년 정도 수도를 사용하다 보면 이음새 등에서 물방울이 떨어지거나 졸졸 새는 것을 겪어 본 일이 있을 것입니다. 별로 고장 날 일이 없을 것 같은 수도꼭지 고장의 원인은 무엇일까요?

일반 수도꼭지가 졸졸 새는 경우는 십중팔구 내부의 고무 패킹(약 50원~100원 정도에 구입 가능)을 교환해줌으로써 고칠 수 있습니다. 그러나 요즘에 많이 사용하는 원터치 싱글레버식 수도꼭지는 간단해 보이는 만큼 내부에 다소 복잡한 부속들이 들어가 있습니다. 혹시 모를 가정에서의 수도꼭지 교체에 대비하여 여러 가지 용도에 따른 수도꼭지의 종류와 내부 부속들에 대해 알아보겠습니다.

■ 용도에 따른 수도꼭지의 종류

① 일반용 수도꼭지 : 주로 세탁실 냉 온수에 별도로 설치
② 주방용 수도꼭지 : 주방 개수대 등에 냉 온수 겸용으로 사용
③ 세면기용 수도꼭지 : 세면기에 냉 온수 겸용으로 사용
④ 욕조용 수도꼭지 : 욕조에 샤워기와 부착하여 냉 온수 겸용으로 사용

■ 방식에 따른 수도꼭지의 분류

① 원터치 싱글레버식 수도꼭지 : 실제 제품명으로는 한개 레버식이로고 하며, 레버 손잡이를 좌우로 돌려가며 물의 온도를 조절합니다.
② 목돌림 핸들식 수도꼭지 : 실제 제품명으로는 두개 핸들식이라고 하며, 별도로 냉 온수용 핸들을 돌려 물의 온도를 조절합니다.

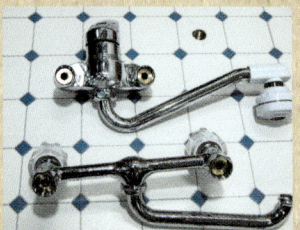

▲ 원터치 싱글레버식, 목돌림 핸들식 주방용 수도꼭지

▲ 원터치 싱글레버식, 목돌림 핸들식 욕실용 수도꼭지

■ 주요 부위별 수도꼭지 고장의 원인

① 손잡이 내부 몸통 부속 파손 (원터치식에만 해당됨)
② 나사산의 파괴에 의한 누수 (수도꼭지를 통째로 교체해야 함)
③ 부속과 부속 사이의 고무 패킹의 노후 (고무 패킹 교환만으로도 해결)
④ 기타 수도꼭지 몸통 내부의 고장

우리집 세면기 통째로 교체하기

사기로 된 세면기는 좀처럼 망가지거나 깨지지 않습니다. 세면기를 바꾸는 경우는 크게 두 가지인데, 첫째가 세면기에다 발을 씻거나 해서 하중을 못 이겨 떨어질 때나 오래된 세면기에 달린 구형 수도꼭지를 바꿀 때입니다.

- **작업 시간** : 30분
- **재료비** : 2만원~5만원
- **절약비용** : 6만원~7만원
- **난이도** : ★★★★☆
- **준비물** : 세면기, 세면기 브라켓, 첼라, 망치, 몽키스패너, 타격 앙카 6/25, 드릴, 콘크리트용 드릴 날 6mm
- **핵심 공구** : 첼라, 드릴

- **작업 순서**
  1. 앵글밸브 잠그기
  2. 팝업 및 조절대 분해하기
  3. 수도꼭지 및 세면기 분해하기
  4. 트랩 분해하기
  5. 세면기 걷어내기
  6. 세면기 브라켓 분해하기
  7. 분해의 역순으로 조립하기

- **작업 힌트** : 세면기를 바꿀 때에는 하부에 달려 있는 부속품을 잘 챙겨야 합니다. 그중에는 세면기 브라켓과 물을 내려주는 팝업 장치들, 그리고 수도와 연결하는 조절대, 물 내려가는 배관인 트랩 등입니다.

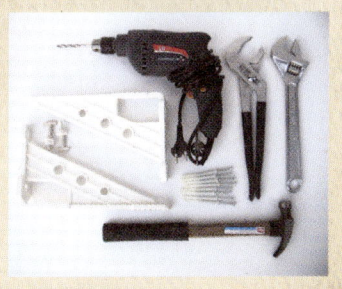

세면기는 사기제품이기 때문에 일부분이 파손될 경우 수리보다는 통째로 다시 설치하는 것이 낫습니다. 세면기를 교체하는 작업은 생각보다 그리 어렵지 않습니다.

다만 세면기 교체를 위해서는 세면기 브라켓이라는 장비가 필요한데 브라켓 내부에는 세면기를 고정할 수 있는 고정 볼트가 포함되어 있습니다.

세면기에는 이 고정 볼트가 삽입되어 고정 할 수 있는 홈이 파여 있기 때문에 홈 위치에 맞춘 브라켓만 벽면에 제대로 고정된다면, 세면기를 설치하는 것은 그리 어렵지 않습니다.

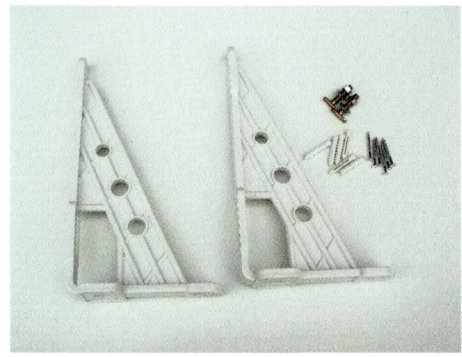

▲ 세면기를 지지하는 브라켓

> 작업 단계 : 기존 세면대 철거 벽면에 세면대 브라켓 고정하기 ▶ 세면대 고정하기 ▶ 실리콘 시공하기

1 앵글밸브를 잠그고 팝업과 팝업 부속들을 모두 분해합니다. 팝업을 분해한 후 앞 장에서 배웠듯이 조절대와 그 연결 부속도 분해하고 수도꼭지를 들어냅니다.

▲ 앵글밸브를 잠근다

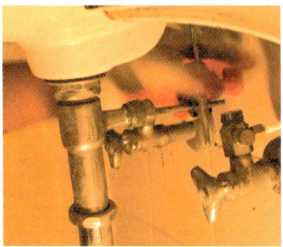
▲ 팝업과 팝업 부속 등을 모두 분리한다

▲ 세면기 수도꼭지도 분리한다

❷ 첼라를 이용해서 세면기 아래의 배관인 트랩을 분해합니다.

▲ 첼라로 트랩 볼트를 회전

▲ 볼트를 풀어 트랩 분해

▲ 분해한 공간 트랩

❸ 세면기를 받치고 있는 양쪽 브라켓의 고정 볼트도 모두 풀어줍니다.

▲ 세면기 브라켓 고정 볼트를 푼다

❹ 세면기를 분리하세요. 세면기를 들어내면 세면기 브라켓과 앵글밸브만 남습니다. 세면기 브라켓도 마저 제거해줍니다.

▲ 세면기를 들어낸다

▲ 브라켓과 앵글밸브만 남았다

▲ 세면기 브라켓 하단 나사 분해

▲ 세면기 브라켓 상단 나사 분해

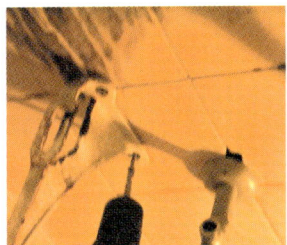
▲ 브라켓을 벽면에서 완전히 떼낸다

▲ 세면기 브라켓을 모두 분해한 모습

❺ 새 브라켓을 설치합니다. 기존의 브라켓을 다시 사용할 수 있다면 그것을 사용해도 좋습니다. 단, 벽에 박혀있는 기존의 앙카는 쇠톱으로 제거하고 타일에 새로 박아주세요.

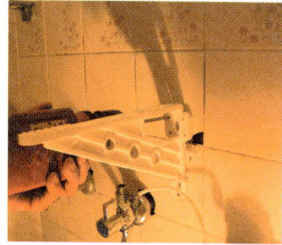
▲ 기존 앙카 제거 후 새 브라켓 고정

▲ 앵글밸브 위로 브라켓을 달았다

▲ 새 브라켓 벽면 고정

❻ 교체할 세면기를 올려놓고 고정 볼트로 브라켓을 고정합니다. 분리했을 때와 같은 방법으로 볼트를 고정하면 됩니다.

▲ 세면기를 설치하고 수도꼭지를 연결한다

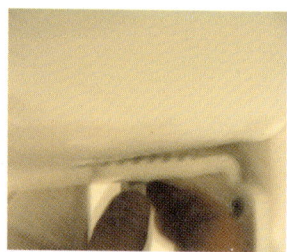
▲ 고정 볼트로 브라켓과 세면기를 고정한다

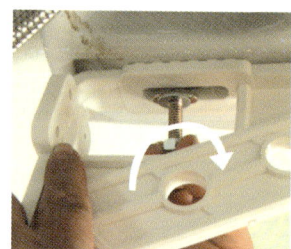
▲ 고정 볼트는 우측으로 조인다

> 참고하세요!
> 앞쪽 04장 '우리집 세면기 수도꼭지 원터치식으로 바꾸기'에서 배운 세면기 하단의 고정 너트 설치 과정과 조절대 연결 방법을 참조하시기 바랍니다.

7 앞장을 참조하여 수도꼭지 등의 나머지 부속을 설치하였다면, 트랩 연결부위의 팝업 부속을 차례대로 끼워 넣습니다.

▲ 팝업 마개 구멍을 삽입한다

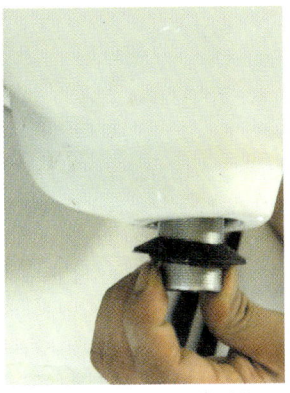
▲ 팝업 마개 너트에 고무 패킹 삽입

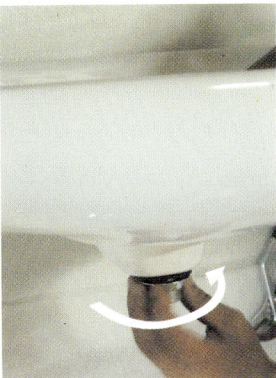
▲ 팝업 마개 고정 볼트 회전

▲ 첼라로 팝업 마개 고정 볼트 고정

▲ 팝업 상부 볼트 삽입 후 회전

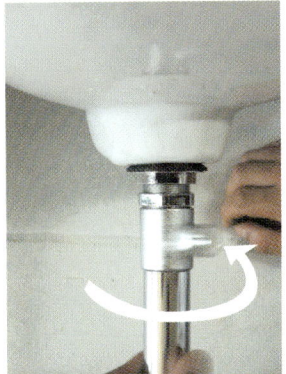
▲ 트랩 상부 연결

8 트랩 연결 부위를 고정하기 위해, 트랩과 연결한 후 첼라를 이용하여 트랩 상단을 모두 고정합니다.

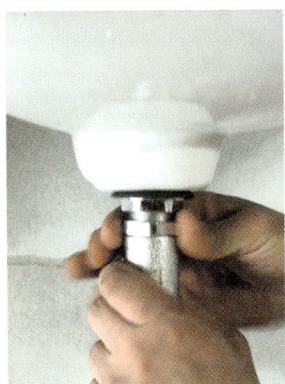
▲ 트랩 볼트를 고정한다

▲ 힘껏 회전시킨다

▲ 세면기에 팝업마개 구멍이 잘 고정되었다

9 트랩연결 부위가 세면기에 잘 고정되었습니다. 이제 팝업마개를 구멍에 넣어 끼워줍니다.

 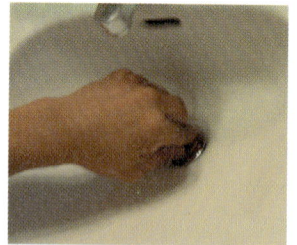

▲ 팝업 마개를 구멍에 삽입한다

10 세면기의 물을 내리고 고이게 하는 팝업을 설치하는 순서입니다. 팝업을 차례로 설치합니다.

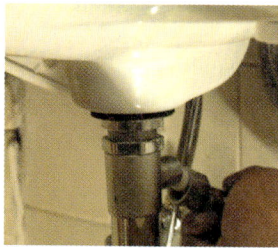  

▲ 트랩 상부 부속과 팝업을 연결한다

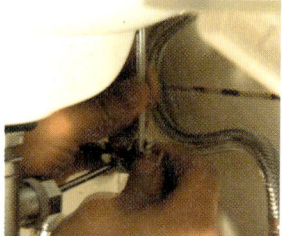 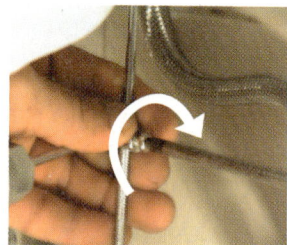 

▲ 팝업연결은 드라이버로도 충분하다 ▲ 나사로 연결 부위를 고정한다 ▲ 팝업 연결 완료

11 이제 앵글밸브에서 팝업 연결까지는 모두 마친 상태입니다. 나머지 트랩만 연결하면 됩니다.

▲ 앵글밸브와 팝업 연결 완료

⑫ 팝업 설치가 끝나면 나머지 트랩을 첼라 등을 이용하여 연결 조립을 마칩니다.

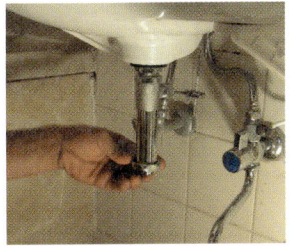
▲ 트랩의 중간 볼트 고정

▲ 중간 볼트를 고정한 모습

▲ 세면기 트랩을 마저 설치한다

⑬ 연결된 트랩의 볼트는 첼라를 이용하여 모두 조여줍니다. 이제 새 세면기 설치가 모두 끝났습니다.

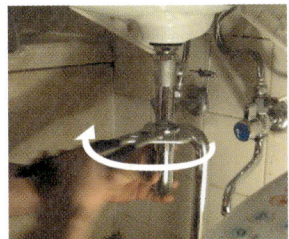
▲ 연결 볼트를 첼라로 고정

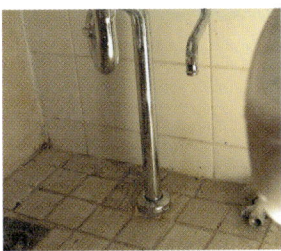
▲ 트랩 연결이 끝났다

▲ 새 세면기 설치 완료

집안 분위기를 확 바꿔주는
베란다 마루&벽면 시공

01 마루로 변신한 우리집 베란다 바닥
02 패널로 꾸며본 우리집 베란다 벽면

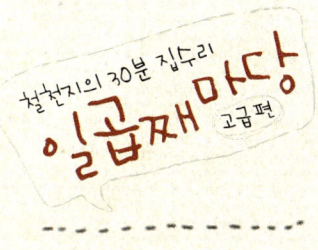

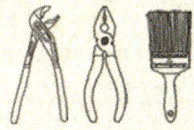

연립주택이나 아파트의 베란다는 어떻게 사용하느냐에 따라 분위기와 용도가 달라질 수 있는 공간입니다. 그러나 대부분의 소형 주택에서는 별도의 창고를 마련하기가 쉽지 않기 때문에 베란다에 잡다한 물건을 쌓아두는 창고로 사용하는 경우가 많습니다.

그러다보니 종종 집안의 미관을 해치기도 하고 정리를 해야 한다는 것도 차일피일 미루거나 해서 그대로 방치해 두는 일이 많은 곳이기도 합니다.

이번 장에서는 집안의 베란다를 시원한 공간으로 탈바꿈하기 위해 마루와 벽면을 새롭게 시공해보도록 하겠습니다. 마루로 시공하면 우선 아이들을 위한 공간은 물론, 간이용 화단이나 분위기 있는 테라스로도 활용할 수 있기 때문에 여러 가지 면에서 유익합니다.

철선지의 30분집수리

마루로 변신한 우리집 베란다 바닥

아파트나 빌라의 베란다 공간은 어떻게 사용하느냐에 따라 분위기를 바꿀 수 있는 유일한 다용도 공간입니다. 보통은 자질구레한 짐을 보관하는 용도로 사용하지만, 정갈한 나무 마루를 깔아 분위기 있는 공간으로 사용하면 어떨까요?

집안 분위기를 확 바꿔주는 베란다 마루 & 벽면 시공

196

- **작업 시간** : 3시간
- **난이도** : ★★★★★
- **재료비** : 15만원
- **절약비용** : 20만원
- **준비물** : 방수합판 12mm, 마루재 12mm, 일반못 3인치, 무두못 5푼, 각목(30mm×3600 12개), 실리콘, 드릴, 콘크리트 드릴 비트 6mm, 타격 앙카 6/40(일체형), 수평대, 각도 톱, 망치, 목공 접착제, 일반 톱, 수평 호수, 먹물, 먹통
- **핵심 공구** : 드릴, 톱, 망치
- **작업 순서**
  ❶ 바닥 수평잡기
  ❷ 바닥 구조물 설치
  ❸ 바닥 구조물 고정
  ❹ 마루 합판 고정
  ❺ 이음새 실리콘 시공

• **작업 힌트** :
이 책에서 가장 고난이도의 작업입니다. 마루를 까는 작업은 쉽지만, 마루를 깔기 전에 바닥 구조물을 짜는 작업과 바닥 수평을 맞추는 일은 이 작업에서 가장 중요합니다. 특히 바닥 구조물을 깐 후에는 흔들리거나 울퉁불퉁해지지 않도록 접착제로 고정시켜주어야 합니다.

베란다를 터서 거실로 연결하여 사용하는 예를 많이 봐왔습니다. 거실의 경우 문턱도 없애고 하려면 전문가가 나서서 해야 하지만 마루로 시공하는 것은 조금 어렵지만 여러분이 직접 할 수가 있는 작업입니다. 어려운 시공일수록 비용도 많이 차이가 나기 때문에 절약할 수 있는 폭도 크다고 볼 수 있습니다.

이 작업의 핵심은 수평에 맞게 바닥을 고정하는 것입니다. 베란다 바닥이 눈으로 보이게는 수평이 맞아 보이지만 실제로 측정해 보면 수평이 맞지 않는 경우가 많습니다. 꼭 확인해본 후 고정하도록 하세요.

마루를 깔기 전의 베란다

베란다의 바닥은 수평이 맞지 않은 경우가 많다

아래의 도해처럼 베란다 바닥에서 각목 구조물의 높이, 그리고 일반 합판의 두께, 마루 합판의 두께를 고려하여 문턱과 잘 맞춰주어야 합니다. 마루시공의 뼈대가 되는 각목 구조물은 먹줄로 선을 그어 위치를 잡아줍니다.

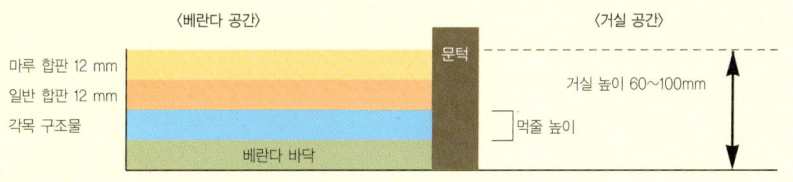

*각목 두께는 최소 30mm부터 높이 조절이 가능합니다.

💬 작업 단계 : 각도 톱으로 각목 절단 ▶ 벽면에 각목 고정 ▶ 구조물 바닥 고정 ▶ 합판 고정 ▶ 마루합판 고정

① 설치하고자 하는 마루의 높이만큼 문턱에 먹줄이나 수평계로 수평을 잡아 선을 표시해둡니다.

▲ 정확한 높이를 위해 물수평을 사용

▲ 각목 틀을 맞추기 위한 높이 표시

▲ 먹줄로 위치를 잡아준다

② 먹줄로 높이의 기준선을 잡고 절단할 각목의 사이즈를 잽니다. 먹줄 높이만큼 뼈대를 구성할 각목 구조물을 설치해야 합니다.

▲ 먹줄이 표시 되었다

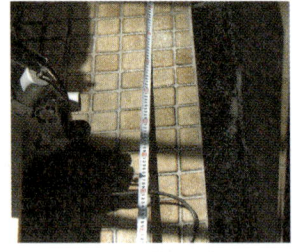
▲ 구조물 설치를 위한 길이재기

▲ 설치할 부분에 맞춰 각목을 잰다

③ 사이즈를 맞춘 각목을 절단하여 사다리 모양의 구조물로 틀을 짭니다. 이때 못은 일반못을 사용하여 조립합니다.

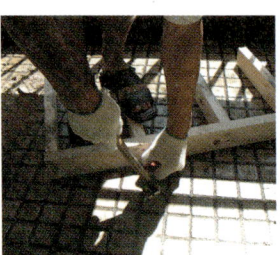
▲ 크기에 맞게 각목틀 조립

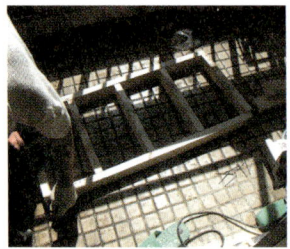
▲ 일반 못으로 구조물을 조립

▲ 사다리 모양의 구조물 완성

❹ 사다리 모양의 각목 구조물을 먹줄로 그어 놓은 선에 맞춰 문턱면에 고정합니다. 이때 드릴을 이용하여 고정할 각목에 미리 8mm 정도의 구멍을 뚫어주는 것이 좋습니다. 그리고 문턱면에 완전히 고정시키기 위해 앙카와 함께 못을 비켜 고정시키고, 틈이 벌어진 곳은 목공 본드로 채워줍니다.

▲ 각목에 구멍을 뚫는다   ▲ 앙카를 넣어 망치로 고정한다   ▲ 벽면에 구조물을 설치한다

❺ 문턱면에 고정한 각목 구조물은 수평을 맞춰 서로 단단하게 이어줍니다. 참고로 서로 이어진 각목 간의 연결은 일반 못을 사용합니다.

▲ 일반 못으로 각목 연결하기   ▲ 뼈대인 각목 구조물을 설치하였다

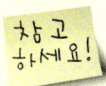 전체 구조물 조립시 목재와 목재가 연결되는 곳에는 목공 접착제를 발라줍니다.

❻ 바닥과 각목 구조물이 닿는 부분은 실리콘을 사용하여 간격을 메워줍니다. 이때 모두 실리콘을 바르는 것이 아니라 바닥과 맞닿는 부분만 바릅니다.

▲ 바닥에 닿은 목재는 실리콘을 바른다   ▲ 실리콘으로 메운 모습   ▲ 각목 구조물이 완료되었다

❼ 각목 구조물이 완료된 후에는 심하게 뜬 공간은 자투리 각목으로 지지해 줍니다. 특히 나무와 나무가 연결된 부분을 목공 본드로 발라줍니다. 그리고 각목 구조물 위에 목공 본드를 바르고 합판을 덮고 못으로 고정합니다. 바닥과 닿는 부분에는 모두 실리콘으로 시공합니다. 이는 삐걱거리는 소리가 나는 것을 방지할 수 있기 때문입니다.

▲ 바닥과 구조물 간의 큰 간격은 나무로 메운다

▲ 구조물 위에 목공 본드를 바른다

▲ 합판을 덮고 못으로 고정한다

❽ 구조물 위에 목공 본드를 바르고 합판을 올려 못으로 고정시켰다면 마루 시공의 절반은 끝난 셈입니다.

▲ 구조물에 합판을 깔았다

▲ 합판 시공 완성

- **합판 자르기**

  합판은 아무데서나 자를 수도 없고 잘라주는 곳은 찾기도 어렵습니다.
  철천지의 서비스를 이용하도록 하세요. 목재 구입시 사이즈를 정해서 잘라달라고 요청하면 수고를 덜 수 있습니다. 동네 근처의 목공소가 있다면 그곳을 이용해도 좋습니다.

9 합판 위에 목공 본드를 바른 후 마루를 합판 위에 붙여줍니다. 이때 마루는 가능한 온장으로 사용하고 안보이는 부분이므로 작은 조각을 몰아줍니다.

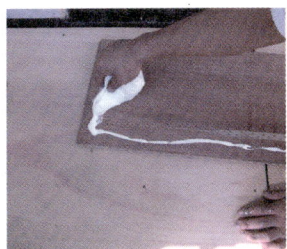
▲ 마루에 목공 본드를 바른다

▲ 마루를 합판 위에 붙인다

▲ 붙인 마루를 꼭꼭 눌러준다

10 마루판 사이의 이음새는 작은 무두못 5푼자리로 비껴 고정하고 문턱면과 닿는 마루판 이음새는 실리콘을 적당한 두께로 잘라 시공합니다.

▲ 이음새 고정하기

▲ 벽면과 틈이 벌어졌다

▲ 실리콘 촉을 두툼하게 자른다

11 마지막으로 가장자리 마루판 이음새에 실리콘을 사용하여 틈을 메워주면 완성입니다.

▲ 이음새 충진하기

▲ 마를 때까지 기다린다

▲ 모두 완료된 모습

일반톱과 각도톱의 사용방법

■ 일반톱과 각도톱의 자르기 요령

톱은 아래와 같이 분리할 수 있는 교체형 톱을 많이 사용합니다. 교체형 톱날은 265모델의 경우가 내장 목공용으로, 300모델은 265모델보다 크기가 커서 두꺼운 목재 절단도 가능합니다.

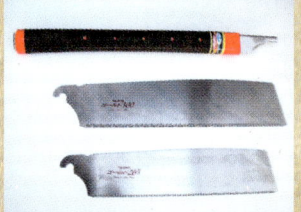
▲ 교체 전 (보관을 할 때는 아래처럼 분리해서 보관합니다.)

▲ 장착 모습 (끼울 때는 사진처럼 끼워서 목 부분을 쳐 줍니다.)

▲ 분리 모습 (머리 부분을 목재 위에 살짝 치면 빠집니다.)

톱질은 한 손으로 톱질을 하는 방법과 양손으로 하는 법이 있습니다.
각목과 같이 좁은 제품은 한 손으로 하지만, 판재와 같이 넓은 목재는 양손으로 절단해야 합니다.

■ 일반톱의 톱질 요령

① 우선 톱의 상태를 눈으로 확인하려면, 톱의 위치가 작업자의 코와 일치되게 하여 작업을 해야 합니다. 그래야 양쪽 면을 다 볼 수가 있기 때문에 정확한 절단이 가능합니다.

② 양손으로 절단할 때에는 왼발로 목재를 누르고, 뒷발은 반보 정도 뒤로 빼서 중심을 잃지 않아야 합니다. 편한 자세에서만이 정확한 톱질을 할 수 있을뿐더러 발의 앞부분의 위치를 절단면과 맞춰 자르면 직선 절단에 도움이 됩니다.

▲ 양손 절단시 발의 자세

❸ 양손으로 절단할 때와 한 손으로 절단 할 때의 자세를 참고하세요.

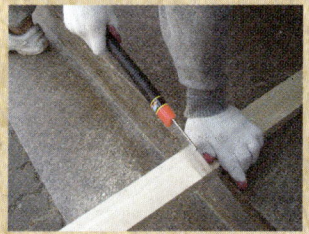
▲ 한 손으로 톱 잡는 자세

▲ 양 손으로 톱 잡는 자세

❹ 톱질 각은 보통 15~45도 정도의 각을 두고 톱질을 하는데, 단단하거나 두꺼운 나무는 각을 크게 잡고, 얇거나 무른 나무는 각을 작게하여 톱질을 합니다. 길고 곧은 절단을 할 때도 각을 작게 하면 속도는 느리지만 정확한 톱질을 할 수 있습니다.

▲ 각을 작게 낼 때

▲ 각을 크게 낼 때

❺ 톱은 당길 때 자르는 역할을 합니다. 톱질에서 힘은 당길 때 주어야 잘 잘라집니다.

각도톱 벽면 걸레받이나 몰딩, 각목과 같이 좁은 목재를 원하는 각도로 절단할 때 유용한 공구입니다. 옛날에는 이런 절단을 모두 톱으로 했지만, 이러한 전동 각도톱이 보급되면서 목공 작업이 매우 수월해졌습니다.

각도톱은 편리한 만큼 위험성도 높은 공구입니다. 주의할 점이라면 톱에 충격을 주면, 정확한 각도의 절단이 어렵기 때문에 조심스럽게 내려놓아야 합니다. 또한 톱날이 목재를 자르는 동안에는 절대 목재를 움직여서는 안됩니다.

만일 움직이게 되면, 목재 톱날에 걸려 절단하던 목재가 튀어 날아가는 경우가 발생하기도 합니다. 그래서 이와 같은 작업을 할 때는 보안경을 반드시 착용하는 것이 좋습니다.

■ 각도톱 톱질 요령

① 목재에 원하는 위치 표시를 합니다.

② 목재를 올려놓고, 왼손으로 눌러 고정한 후 각도톱을 회전시킨 상태에서 절단합니다.

③ 각도톱이 목재를 완전히 절단했다면, 목재 위로 올라간 후에 절단된 목재를 빼냅니다.

패널로 꾸며본 우리집 베란다 벽면

철천지의 30분집수리

요즘은 베란다 한쪽 허전한 곳에 패널을 설치하는 것이 유행입니다. 허전한 벽면의 한 면을 몇 가지 공구와 재료만으로도 뚝딱 변화를 줄 수 있습니다. 이번에는 베란다 벽면의 패널 설치 방법에 대해서 알아보겠습니다.

- **작업 시간** : 약 3시간
- **난이도** : ★★★☆☆
- **재료비** : 1000mm 패널 한 장에 1400원 정도 부착할 면적에 따라 가격변동, 목공용 본드, 타카, 페인팅 재료만 약 1만~2만원 선
- **준비물** : 패널, 패널마감용 몰딩, 목공본드, 타카, 톱, 페인트, 헝겊
- **작업 순서**
  ① 못 박을 곳 정하기
  ② 드릴로 구멍 뚫기
  ③ 못이나 앙카 삽입하기
  ④ 망치질하기

- **작업 힌트** : 패널 벽을 만들 때는 글루건과 본드만으로 부착을 하지만, 그리 쉽지는 않으므로 간단히 생각하는 건 금물입니다. 왜냐하면 얇은 목재가 똑바로 있으면 되겠지만, 항상 휘어 있기 때문에 부착이 적잖이 힘들답니다. 다음은 패널 100mm짜리로 베란다 한쪽 벽면에 설치한 사례입니다. 참고로 이 내용은 EBS 〈살림의 여왕〉 촬영팀의 요청으로 제공한 사례입니다.

🍋 작업 단계 :

① 모든 설치가 그렇지만, 기준면이 되는 첫 패널을 정확하게 설치하고, 나머지를 이에 맞춰 나란히 고정을 해줍니다. 고정은 에어타카가 있으면 편리합니다. 즉, 목공본드와 타카로 시공되는 셈이죠. 설치 장소에 따라 콘크리트는 DT 나사못을, 석고보드나 합판은 F30 , 1016, 618 정도로 고정을 합니다. 여기서는 설치 장소가 석고보드이기 때문에 618(실타카)로 고정을 했습니다. 이런 작업은 공구만 구비되면 보통 30~60분이면 끝납니다. 혹 에어타카가 없다면, 드릴을 이용하여 한 개씩 고정을 해주세요. 얇은 패널 재료는 대부분 휘어 있으므로 목공본드와 글루건만으로 단단히 고정시키가 쉽지가 않습니다.

② 기본 설치순서는 다음과 같습니다. 걸레받이 부분에 목공본드를 바르고 미리 붙여 둡니다. 그리고 패널에 목공본드를 골고루 끝부터 수직으로 바릅니다. 연속해서 균일한 간격으로 부착해 나갑니다.

▲ 걸레받이부터 부착합니다.

③ 허리몰딩용 목재에 목공본드를 바른 후, 허리몰딩을 부착합니다.

타카로 한번 더 튼튼히 고정합니다. 패널은 얇아서 휘거나 떨어질 수 있습니다. 타카로 고정해 주는게 가장 튼튼하고 오랫동안 부착할 수 있는 방법입니다.

▲ 목공본드를 바른 후 허리몰딩을 해줍니다.

④ 허리몰딩을 고정한 후에는 페인트를 옅게 칠하여 빈티지 분위기를 만들어주는 워시드 기법으로 칠해 줍니다.

⑤ 이제 완성입니다. 미송패널을 워시드 기법으로 칠하면 못자국으로 패인 부분들이 잘 보이지 않습니다. 많이 패인 경우에는 핸디코트를 좀더 발라주고, 워시드 기법으로 해주면 바로 마무리 할 수 있습니다.

자신만의 노하우 혹은 톡톡 튀는 실용적인 아이디어를 엮어 책으로 출간하고자 하는 분들은 망설임 없이
이메일 help@bookbee.co.kr로 연락주세요. 앞서가는 실용출판 **이비락** 樂 의 문은 항상 열려있습니다.
이비락 樂 은 도서출판 이비컴의 실용, 취미, 자연 분야의 출판사 이름입니다.